青春期
关键问题
一本通

李杰玛————著

THE KEY ISSUES
OF ADOLESCENCE

中国铁道出版社有限公司
CHINA RAILWAY PUBLISHING HOUSE CO., LTD.

图书在版编目(CIP)数据

青春期关键问题一本通/李杰玛著.—北京:中国铁道出版社有限公司,2024.6
ISBN 978-7-113-31100-1

Ⅰ.①青… Ⅱ.①李… Ⅲ.①青春期-家庭教育 Ⅳ.①G782

中国国家版本馆CIP数据核字(2024)第056616号

书　名：	青春期关键问题一本通
	QINGCHUNQI GUANJIAN WENTI YI BEN TONG
作　者：	李杰玛

责任编辑：	巨　凤	编辑部电话：(010)83545974
封面设计：	仙　境	
责任校对：	刘　畅	
责任印制：	赵星辰	

出版发行：	中国铁道出版社有限公司(100054,北京市西城区右安门西街8号)
印　　刷：	北京盛通印刷股份有限公司
版　　次：	2024年6月第1版　2024年6月第1次印刷
开　　本：	880 mm×1 230 mm　1/32　印张：7　字数：156千
书　　号：	ISBN 978-7-113-31100-1
定　　价：	69.00元

版权所有　侵权必究

凡购买铁道版图书,如有印制质量问题,请与本社读者服务部联系调换。电话:(010)51873174
打击盗版举报电话:(010)63549461

前 言

在孩子的成长道路上,青春期是一个充满挑战和变化的阶段。很多父母眼中的"乖宝宝"突然像变了一个人——喜怒无常,父母说啥都听不进去,甚至对父母像对"仇人"一样。父母们常常发现自己在这个阶段面临着前所未有的挑战和困惑,他们希望找到解决问题的答案,也希望给躁动的青春期的孩子指导和引领。正是出于对这种需求的关注和理解,我撰写了本书。

这本书聚焦父母最关心的青春期孩子的六个方面,分别是亲子沟通、安全教育、性教育、人际交往、学业提升和升学规划。每一章都围绕青春期孩子可能面临的问题展开案例分析、心理动机剖析,并在此基础上给出建议供父母们参考。本书旨在为父母们提供较为全面的、专业且可实操的青春期教育知识,让父母们能够更好地理解孩子的内心世界,解决问题,建立良好的家庭关系,帮助孩子将青春期转变为成长和跃升的关键人生阶段。

本书融汇了我多年做心理咨询的一线经验,从生活中的实际案例出发,深入分析青春期孩子典型性问题的原因,并结合心理学、教育学及脑科学的理论来给出切实可行的建议。通过将科学理论和技术应用于实际操作中,让本书内容更加生动,读起来如同聆听身边人的故事。同时,书中的方法也可以随时运用到父母自己的教育过程中。每一章都以解决实际问题为导向,旨在帮助父母们在面对孩子的困惑和挑战时能够有所借鉴和参考,从而更好地陪伴孩子度过青春期。

第一章"亲子沟通",深入探讨了各种行之有效的沟通模型和技术,以帮助父母了解沟通障碍形成的原因,如何清除障碍、重建沟通,增进亲子之间的理解和信任。父母将了解如何沟通才能让孩子敞开心扉,分享他们的内心世界。青春期的孩子虽然在身体上长得像成年人,但在心理上他们仍然是孩子,甚至比起幼童阶段更加需要父母的关爱和理解。

第二章"安全教育",重点介绍了如何培养孩子的安全意识和自我保护能力。本章聚焦青春期孩子在社会上的安全、在学校中的安全,以及身体安全和心理安全;介绍如何教育孩子识别危险,避免安全风险,以及如何应对日常生活中可能遇到的安全问题,让孩子学会保护自己。

第三章"人际交往",深入探讨了孩子在人际关系中可能遇到的交友难题,以及跟老师和父母的关系等问题,并针对性地提供了解决方案。本章将分享一些对人际关系的深刻洞察及处理技巧,旨在帮助孩子学会与他人和谐相处,培养良好的人际交往能力,使他们在未来的生活中可以游刃有余,无惧人生的风雨。

第四章"性教育",着重介绍了如何帮助孩子理解性健康、性器官的发育和保护,以及如何规避性暴力。青春期是身体快速成长和第二性征发育的时期,孩子们需要科学正确的引导。通过与孩子进行开放、真诚的性教育对话,帮助他们建立正确的性观念,成长为身心健康的成年人。

前言

第五章"学业提升",介绍了如何帮助孩子提升学习能力并实现个人成长。本章将分享一些经过验证有效的学习方法和技巧,以帮助孩子建立良好的学习习惯,掌握高效的学习方法,从而提升学习效率。每个人都可以通过科学的方法来提升成绩,而不是依赖所谓的高分秘籍或高于常人的智商。

第六章"升学规划",着重探讨了如何从孩子的成长早期便开始着手规划其升学之路。本章旨在引导家长和教育者们通过设定目标、制订计划和持续努力,帮助孩子扬长避短,发掘潜力,让他们在竞争激烈的升学环境中崭露头角。孩子不仅可以凭借优异的学业成绩脱颖而出,还可以通过学术竞赛、社区服务、创新项目等多种渠道,迈进理想的大学。

通过阅读本书,父母们将能更深入地了解青春期孩子所面临的挑战,学会有效的应对策略,进而与孩子建立更加紧密的亲子关系。同时,本书也旨在帮助父母们摆脱焦虑和困惑,让他们更加从容地陪伴孩子度过成长过程,引导孩子走向健康、积极的人生道路。书中案例均为真实案例,涉及人名均为化名,如有雷同,纯属巧合。

在此,我要感谢所有支持和帮助过我的人,感谢家人的理解和支持,感谢朋友们的鼓励和建议。同时,也要感谢所有关注青春期教育的父母们,正是你们的关爱和付出,让孩子们在成长的道路上不再孤单。

希望本书能成为父母们的得力助手,为父母们答疑解惑,指明方向,让孩子们在青春期的旅程中茁壮成长。让我们一起为孩子的未来努力,共同创造一个更美好的明天。

李杰玛

2024 年 2 月

目 录

第一章　亲子沟通：打破隔阂，为孩子的成长插上翅膀 ………… 1
　第一节　辨别：父母和青春期的孩子一沟通就起冲突的原因 … 1
　第二节　清障：四个策略让你说什么，孩子就能听什么 ……… 20
　第三节　修复：四个锦囊让父母和孩子重回甜蜜时光 ………… 28
　第四节　助力：让父母的每句话都成为孩子前进的动力 ……… 39

第二章　安全教育：保驾护航，让青春期的小苗安然成长 ……… 51
　第一节　社会篇：让孩子练就"金钟罩"，隔绝诱惑和伤害 …… 51
　第二节　校园篇：学校里可能会发生的安全问题 ……………… 63
　第三节　身体篇：人身安全是成就学业的基础 ………………… 71
　第四节　心理篇：心理健康的孩子才能走得远，走得稳 ……… 79

第三章　人际交往：让孩子在生活中如鱼得水的重点技能 ……… 89
　第一节　恋爱篇：处理跟异性的关系也是需要练习的 ………… 89
　第二节　交友篇：朋友，是青春期孩子最重要的成长环境 …… 99
　第三节　师生篇：老师，可能是影响孩子一辈子的人 ………… 106

i

第四节　追星篇：榜样的力量是无穷的 …………………… 112

第四章　性教育：破除偏见，为孩子打下一生幸福的基础 …… 117
　　第一节　认识身体：隐私部位的"长相"也很重要吗 ………… 117
　　第二节　亲密行为：跟异性保持怎样的距离是合适的 ……… 123
　　第三节　预防性暴力：构建保护儿童免受侵害的有效人际
　　　　　　交往策略 …………………………………………… 127
　　第四节　性取向问题：尊重选择优于强制教育 ……………… 131

第五章　学业提升：无论资质如何，孩子都能有大进步 ………… 136
　　第一节　原则篇：提高孩子学习能力的黄金法则 …………… 136
　　第二节　目标篇：让孩子成绩突飞猛进的助推器 …………… 146
　　第三节　动力篇：让孩子学习干劲十足的绝密加油法 ……… 154
　　第四节　方法篇：让每个孩子都能十倍提升学习力的方法 … 163

第六章　升学规划：先人一步，帮孩子迈进理想的大门 ………… 174
　　第一节　了解天赋：找对赛道，孩子才可能领先 …………… 175
　　第二节　升学路径：条条大路通大学，无须再挤独木桥 …… 186
　　第三节　习惯培养：每天五分钟，养育出优秀的孩子 ……… 199
　　第四节　学科规划：青春的规划在青春期之前 ……………… 210

参考文献 ……………………………………………………………… 216

第一章

亲子沟通：打破隔阂，为孩子的成长插上翅膀

父母都知道跟孩子沟通很重要，但青春期的孩子有时暴躁得像头小狮子，有时又敏感得仿佛小刺猬，一沟通不是"原地爆炸"就是"扎"得父母满心是伤。本章通过一系列的方法和步骤，帮助父母重建和谐、温馨的亲子关系，让孩子的青春期成为飞速成长期。

第一节 辨别：父母和青春期的孩子一沟通就起冲突的原因

你可能听周围的人说过"可怕的两岁"，除此之外，还有"难搞的四年级"和"充满挑战的初二"。随着孩子慢慢长大，由于生理和心理的各种变化，他们跟父母的冲突越来越多。本节将引领父母一起迎接亲子关系的大挑战，见招拆招，应用亲子沟通的工具，帮助父母识别沟通卡点，打通沟通阻碍。

一、孩子叛逆、一碰就炸,"三个认知"让你看清真相

作为一名青春期孩子的家长,不知道从哪天起,你会突然发现孩子变了:以前那个听话乖巧的孩子,突然就变得喜怒无常、难以捉摸、无法沟通,像换了一个人似的。父母对此往往完全措手不及。之所以有这样的感受,更多的是因为没有意识到或者没跟上孩子成长的步伐。

成长到青春期的孩子,主要会有以下几个方面的变化:

1. 喜欢新鲜事物,有自己独立的见解

喜欢新鲜事物是由大脑结构变化导致的,是正常且健康的。我们不能指望一个十几岁的孩子喜欢的东西跟四五十岁的中年人一样,那还有什么活力可言?父母总担心孩子冲动、涉世未深、不知道做危险事情的后果,其实孩子是知道的,他只是更在意探索带来的新奇感和满足感。

孩子对人对事开始有自己独立的见解和观点。虽然很多看法在父母眼中是幼稚的,甚至是可笑的,但他却不想被认为还是个孩子。父母需要用合适的方式维护孩子的尊严,这样孩子才能视你为"盟友",愿意跟你沟通。

2. 重视同伴交往,但并不能完全脱离父母

青春期的孩子渐渐会减少跟父母一同外出,比如家庭聚餐、旅

游或参与以前喜欢的事情,这些对他们来说已经没那么感兴趣了。他们更愿意跟同龄人或者合得来的同伴一起玩。不被同龄人接纳,他们会感到难受,甚至有些孩子为了"合群",会偷偷学着抽烟、说脏话。

当孩子跟你说"不要你管"时,并不意味着你可以退出他的成长期了。这个阶段的孩子想独立,但无论在思想还是情感上又都是依赖父母的。所以,他想独立的时候,父母就松开手,远远望着;他需要帮助的时候,父母就施以援手。

3. 情绪变化大,富有创造力

青春期的孩子容易脑子一热就干一件事,而且容易忽略事情的后果。父母需要理解,这是因为孩子的"理智脑"还没有发育成熟。只有父母接纳孩子的情绪,孩子才有可能健康发展。如果孩子总是被否定和批评,他的自信心就会遭受严重打击。

这个阶段的孩子经常会有一些天马行空的想法,或者在父母看来不切实际的想法。建议父母不要去否定他,因为每一个伟大的发明、创造最初都可能看起来是可笑的。

随着青春期的孩子逐渐长大,亲子关系是否也随之加固了呢?父母对待孩子的方式是否也跟着改变了呢?

如果父母没有跟上孩子成长的脚步,那亲子关系就可能会掉进以下四个陷阱里。

1. 权利斗争:"不能这样"(我要控制)VS"凭啥不能"(我要自由)

当孩子突然某一天大声"顶嘴"或者表达自己的意见时,大多数父母会瞬间"愣住",同时心底窜出一个声音:"完了,翅膀硬了,我说的话不好使了。"假如你是权威型的父母,就会抓住这个权利不放手,拼命想要维护自己的权威并且让孩子屈服、听从自己、受控于自己。

然而,这样做会让孩子感受到很强的压迫感"父母总是逼着我按照他们说的去做"。而青春期的孩子刚好发展出一项新技能,即"违背性意愿",也就是说"不管你说什么我都会反对"。其实这个技能也不是现在才有,孩子在两岁时就曾经使用过。当孩子想要证明自己是个独立的人、想要表达独立意愿的时候,就会先说"不"。反正只要说了"不",就代表我跟你不一样。而青春期孩子进入第二个自我意识发展阶段时,这项技能再次被激活。为了表达自己是个独立的个体、有独立意愿,他就会为了反对而反对,不管你说的对还是不对,他先反对了再说。

一方要捍卫自己的权威,另一方要表达反抗,那么冲突就不可避免了。

2. 边界冲突:"你会后悔的"(我要建议)VS"我自己知道"(我要决定)

父母们都希望青出于蓝而胜于蓝,希望子女过得比自己好,拥有更加成功的人生;于是想尽量避免孩子们走弯路。父母以为只要道理讲得足够通俗易懂,足够有耐心,孩子就会听取自己的人生经验,就可以少走弯路、少踩坑。但对于青春期的孩子来说,这无疑是被剥夺了尝试和冒险的权利。他们渴望独立的心情是那么迫切,甚至根本就不在意父母口中的"吃亏""后悔"。对于少男少女们来说,能够按照自己的意愿做决定才是长大的标志,才是从父母和成人那里获取尊重的权利的象征。他们甚至会为了跟父母不同而故意不同,不去深究这份反驳和不同是不是真的有利于自己。哪怕因为不听劝告而付出代价,至少是捍卫了自己的边界,是成长路上的勋章。

3. 需求错位:"你应该这样"(我要解决问题)VS"你根本不懂"(我要被理解)

成人的世界里,每天都会处理各种事情,解决问题是成人的思维导向。当孩子向父母抱怨或者讲述一件事情的时候,父母会本能地以为孩子需要帮助、需要建议。但是父母也很快发现:当自己给出解决方案的时候并没有让孩子高兴起来,甚至还招来孩子的埋怨。小一点的孩子会伤心地说:"你都没有听我说话。"而青春期的孩子则直接认为:"说了也是白说,你们根本就不懂。"这里举个例子。

孩子:"妈妈,我今天不想去上学。"

妈妈:"不上学怎么行啊?不上学总要有个理由吧,无故旷课可不行啊。"

孩子:"我同桌很烦人。"

妈妈:"那你就告诉老师呀。是不是你同桌欺负你了?你要学会处理跟同学的关系,我不是早就告诉过你吗?"

孩子:"行了,你别说了,你根本就不懂。"

父母试图帮孩子解决问题,所以更加关注事情本身;而很多时候孩子跟父母倾诉仅仅只是想获得关注和理解,获得情感上的支持。在上面这段对话中,孩子可能就是纯粹表达一下不想上学的意愿,而不是真的就不去学校了,这跟成年人有时候太疲惫了不想上班的意愿是一样的,但是父母没有关注到这一点,甚至没有去询问孩子跟同桌之间到底发生了什么事情,劈头盖脸就开始教育孩子要跟同桌处理好关系。

换位思考一下,如果一个成年人随口一说不想工作,就被自己的父母教育:"不上班你想干啥呀?这么大了还要我为你操心吗?"是不是瞬间就没有沟通的欲望了。孩子也是一样的,他想要的仅仅是被听见、被理解。父母能认真听完,然后回应孩子:"今天要是周末就好了,可以在家舒舒服服地待一天了。"孩子感受到父母的关注和理解后会更加有力量去面对自己的事情。

4. 观念之战:(我要遵守)VS(我要改变)

父母经历过人生的风雨,希望自己的孩子少走弯路,于是苦口婆心规劝孩子:"你好好读书,以后才能找份好工作。"孩子一听这种说教就很烦躁,加之孩子没有真正经历过谋生的艰辛,他们就更加不想听这些了:"我不想找工作。"

听到这话无疑是加深了父母对于孩子未来的生存焦虑,于是会拿出更多例子来规劝孩子:"不找工作,你吃啥?难道我们老了还要养你吗?不找工作,钱从哪里来?谁会嫁给你?"父母一股脑地把几十年后的担忧通通"倒"给孩子。负面情绪就在亲子间传递,孩子被唠叨得受不了了,自然就是什么让父母难受就说什么:"我凭啥要跟别人一样?我不结婚,我一个人过碍着谁了?"

父母希望孩子的人生可以借鉴前人的经验,可以稳妥;而孩子满心都是对未来的好奇和激情,他们跃跃欲试要去冒险。

二、孩子事事都要跟你叫板，四个心法帮你化解更年期怼上青春期的危局

青春期对于孩子而言，是一个脱壳蜕变的过程。他们需要脱下旧壳，才能获得新生，成长为一个成熟的个体。这个过程充满艰辛，伴随着迷茫和挣扎。他们并非刻意与父母为敌，只是因为父母是他们最亲近的人，因此对这个过程的感受也最为强烈。

与此同时，父母也可能正经历着中年危机。两代人虽处在不同的人生阶段，却面临着相似的迷茫和焦虑。在这种情况下，亲子关系很容易发生冲突。如果父母能够在每次"冲突"中看见孩子那股"向上"的力量，不是恐惧地去压制它，而是理解并支持孩子，那么孩子就能顺利地度过生命中最激荡变化的1~5年，成长为一个健康的成年人。

怎样才能"接住"一个青春期的孩子，有效应对亲子关系的危机呢？这里给父母提供四个心法：

心法一：退居幕后，也是一种成功

在孩子小的时候，他们依赖父母获取一切所需，这不仅让孩子获得了生存所需的资源和安全的环境，也让父母体验到了被依恋和照顾弱小生命带来的成就感和价值感。

但不知道从何时开始，随着孩子的成长，他们开始渴望独立，有了自己的想法和观点，对父母讲的"道理"不屑一顾，甚至开始挑战父母的权威"行了，别问了，说了你也不懂"。

父母对于孩子的这种变化，从惊讶到气愤，拼命想把孩子再拉回之前"乖宝宝"的状态，但屡屡失败。父母的心路历程大致会经历三

个阶段：

第一阶段：你得听我的！

刚开始，父母为了维护自己的权威和家庭秩序，会动用自己作为长辈的"话语权"：

"我是你爸（妈），你不听我的听谁的？"

"爸爸活了几十年了，你才多大？不听老人言，吃亏在眼前。懂不懂？"

然而，父母会发现孩子依然我行我素，不把父母的话放在心上。这时，绝大多数家长会进入第二个阶段。

第二个阶段：难道我还管不了你了？

当父母试图通过讲道理、说服、强行干涉等方法让孩子"听话"的时候，却发现孩子要么敷衍，要么沉默对抗。有的孩子还会振振有词地给父母讲道理，脾气大的孩子甚至跟父母大吵大闹。所有这一切都让父母感到前所未有的挫败感，开始质疑自己是否养出了一个"白眼狼"，是否真的管不了孩子了。

第三个阶段：随便你吧！

当父母尝试了各种方法去"教育"孩子都不管用的时候，内心累积的失望和疲惫感会越来越重。父母一方面被迫接受自己管不了孩子的事实，一方面又不甘心让孩子这样"错下去"；但只要一尝试去讲道理，无论开始多么温和，最终往往都会以不欢而散告终。于是很多父母只能在纠结中选择"不管了"。

孩子在婴儿期需要父母无微不至的照顾；在儿童期需要父母的引导和帮助；但成长到青春期时，他们更需要父母的理解和放手。这本来就是每一个生命发展必经的历程。雏鹰可以离开巢穴，在蓝天上自由技术翱翔,这是鹰妈妈的成功而非失败。试想当年父母还是孩子的时候,是否也同样渴望自由和蓝天呢?

面对孩子成长时的焦虑情绪,父母需思考的是:这究竟是真的担忧孩子,还是因丧失控制权、不再被强烈需要后带来的失落感呢?这是每一位父母去"内观"自己的心理需求时需要深入思考的问题。

心法二:输了才是赢了

很多父母可能没有意识到,在跟孩子的冲突背后隐藏着自己深深的恐惧——你担心他学习不好,将来找不到好工作,生活会陷入困境;你担心他生活习惯差,经常熬夜、吃垃圾食品,会损害身体健康;你担心他性格孤僻,在人际关系中吃亏,甚至结不了婚;你还担心他过于天真,将来会被人骗等。你的担忧越多,越想要控制一切,与孩子的冲突也就越激烈。

然而,所有的担忧都只是你的"臆想"或者"预测",对吗?每个孩子天生都有向上的力量,都渴望追求价值感和成就感,这是人类基本的心理需求。父母要做的不是去"塑造"孩子,而是陪伴和信任他。就像蝴蝶在从蚕蛹变成蝴蝶的过程,不需要人为去撕开那个蛹一样,孩子也有自己内在的成长力量。

父母教育的终极目的就是希望:即使有一天自己离开这个世界,孩子也可以勇敢地面对他们的人生。因此,在与青春期的孩子一次次的"较量"中"输了",也是值得的。因为在这个过程中,孩子可以一次次地"确认"自己的力量和判断。对于孩子来说,这是一种尝试,也是一种积累,他们正在逐渐蜕变成一个为自己人生负责的成年人。

父母的"退让",其实是一种"智慧",是选择退居二线,把生活的主动权和尝试权交给孩子,为孩子的成长赢得了空间。

心法三:被"嫌弃"或许是好事

让我们先来看下面这个案例。

小月的妈妈很关注孩子的成长,每个周末都会安排一天"家庭日",全家人一起去爬山、逛公园、跟朋友聚会。但不知道从何时开始,上了初中的小月就开始"缺席"这些家庭活动。

小月妈妈一开始以为孩子在背着父母"早恋",几番打听才发现女儿每次都是跟女同学出去。难道孩子不喜欢妈妈安排的活动了?明明小月以前每次都玩得很开心啊!

失落感不知不觉爬上了小月妈妈的心头。

不少父母都有过这种"不被待见",甚至感觉"被嫌弃"的经历,难道孩子真的成了"白眼狼"吗?

其实不是。著名儿童心理学家埃里克·埃里克森以"自我同一性危机"理论而闻名于世。他认为:青春期的核心任务就是建立"自我同一性"。自我同一性就是青少年探索自己身份定位和角色定位的过程。简单点说,就是孩子需要在青春期去弄清楚"我是谁""我跟别人有什么不同""我要去到哪里"这些问题。

换句话说,青春期的孩子会花更多时间与同学、朋友、伙伴们交往,他们需要从同伴那里得到反馈来确认"我是个什么样的人""我是否有价值且被需要"。受到同伴欢迎和认可的孩子往往对自我评价积极;而被同伴否定和排斥的孩子,则可能面临"自我认同"的危机,他们可能会怀疑自己或在群体活动中表现出消极态度。

作为父母,应该理解同伴关系对于孩子的重要性,并做到不限制、不过多干涉他们与同伴的交往。然而,这并不意味着父母可以完全放手,任由孩子去面对各种人群。事实上,尽管青春期的孩子嘴上常说"不用你管",但他们内心依然渴望爸爸妈妈的关爱和保护。因此,亲子关系是建立良好同伴关系的基础,孩子在与父母的互动中学会了如何与自己和他人相处。

心法四:90%的担心都是多余的

让我们还是先来看一个案例:

明明的妈妈有一次急匆匆地来找我,她的儿子刚满五岁,正在上幼儿园大班。她有点难为情地说:"老师,我儿子今天在幼儿园掀开了女同学的裙子,我应该怎么办?"

作为局外人,我们可能觉得这是小题大做,那么小的孩子能有什么坏心眼呢?但当我们自己成为"局内人"的时候,是否也会有同样的担忧呢?十几岁的孩子在父母眼中可能会显得性格怪异、情绪起伏大、不思进取、自私自利,甚至跟同性同学之间关系亲密。父母为此感到焦虑又无可奈何,心里担忧着"他(她)这样下去怎么办啊"。

但事实上,青春期的某些行为表现只是阶段性的,并不会延续到孩子成年之后。孩子的叛逆并非针对父母,而是他探索自我身份定位、渴望自己做决定的正常表现。如果父母能够理解并接纳这一阶段的孩子,他们就能顺利度过青春期,逐渐成长为一个独立、懂事的青年。

如果父母强行压制孩子在青春期的尝试和探索,孩子的心理发育就可能会被"卡"在这个阶段。孩子表面上的顺从可能是以"放弃自我发展"为代价的。孩子内心压抑的愤怒要么会转向攻击自己,要么随着时间累积成对父母更大的"反叛",甚至在未来的某个时刻重启这个"迟来的青春期"。

三、你生气，孩子比你脾气还大，一个小工具揭示"沟通不下去"的原因

很多父母给我留言，他们跟青春期的孩子沟通时常常不欢而散，完全聊不到一起去。更有甚者，觉得跟孩子沟通如打仗一般——身心都很累，气得胸口疼。也有很多父母看过很多书、听过很多课，但只要情绪一上来，所有的教育方法都不起作用了，瞬间又回到与孩子对抗的状态。

其实，很多父母以为的沟通可能根本就不是真正的沟通，而是一场亲子之间的情绪大战——在这场战争中，要么父母控制、孩子反抗；要么父母纠正、孩子坚持；要么父母指责、孩子辩解……这种"沟通"的背后实际上是情绪的对抗和能量的碰撞，因此很容易让人联想到打仗。

美国心理学家大卫·霍金斯提出过著名的"能量层级理论"。这一理论认为，所有存在的事物，都具有一定的能量等级（见下表）。物理学家已经证明，这个世界所有的固体都是由旋转的粒子组成。这些粒子有着不同的振动频率，粒子的振动使世界呈现出目前的样子。科学家已经测量过人在不同精神状态下身体的振动频率，发现人类各种不同的意识状态，都有对应的能量数，而人的身体状态会随着精神状态有强弱的起伏。

换句话说，人的情绪可以被换算成不同等级的能量，而人的身体会随着这些能量的变化而变化。如果把亲子沟通看作是一场"能量的交锋"，那么良好的沟通可以给双方增加能量、滋养身心；相反，不良的沟通则会消耗彼此的能量、损耗身心。

第一章 亲子沟通：打破隔阂，为孩子的成长插上翅膀

霍金斯能量层级表

能量趋势	心理台词	能量值	情绪状态	生命状态
正向	不可思议	700-1000	不可说	妙
	都一样	600	至喜	平等
	好美啊	540	清朗	清净
	我爱你	500	敬爱	慈悲
	有道理	400	理解	知止
	我错了	350	宽恕	修身
	我喜欢	310	乐观	使命感
	我不怕	250	信任	安全感
	我能行	200	肯定	信心
负向	我怕谁	175	藐视	狂妄
	我怨	150	憎恨	抱怨
	我要	125	渴望	吝啬
	我怕	100	焦虑	退缩
	好可怕	75	失望	悲观
	好无奈	50	绝望	自我放弃
	没意思	30	自责	自我否定
	结束生命	20	自闭	自我封闭

积极的语言能激发良好的情绪体验，而消极的语言则可能引发负面情绪，从而削弱人的能量。比如，当父母看见孩子放学后边走边看手机时，如果跟孩子说："你还有心思看手机啊，马上要中考了自己不知道啊！"，这表达的就是抱怨和指责，是削弱孩子能量的语言。孩子感受到被指责后，很可能会回击父母："就你能玩手机啊？"孩子的回应里带着不满，进一步触发了父母的负面情绪，几个回合下来，双方都感到悲伤、失望、愤怒，沟通路径就被卡死了。

同样的场景，如果父母换一种说法："上学累了吧！放学回家跟同学联络联络感情也挺好的。"这样就是传达了父母对孩子的爱和理解。孩子的回应也会因此不一样，这样亲子间的情绪和情感就能流动起来，沟通也能顺畅进行下去。

亲子之间的情绪不仅会相互传染，而且能量值也会趋于均衡。与其"要求"孩子积极、乐观、上进，不如父母先调整好自己的情绪状态。只有当父母处于高能量状态时，才可以正向地影响到孩子，给孩子赋能，成为孩子的"加油站"。

四、你说什么都不对，如何看清亲子沟通的"五个路障"

如果做一个网上投票，选出父母说过的最让孩子反感的话，"我都是为了你好"这句话的票数肯定不会低。父母总以为自己是为了孩子好，但却忽略了孩子的感受。发现孩子不听话，父母会急着表达更多，最后就是一方在拼命"捂住耳朵"，一方在歇斯底里。

有哪些沟通方式和语言是阻碍沟通的呢？这里列出五种常见的障碍：

障碍一："跟你说了多少遍了?!"——唠叨：孩子的心门会瞬间关闭

米米六岁，刚上小学一年级。老师反馈她每天上课都没精打采，于是督促米米的家长晚上让孩子早点睡。米妈听了老师的反馈后，当晚九点就让孩子上床睡觉了。孩子表示这么早睡不着，米妈就开启了讲道理模式："晚上早点睡早上才能起得来，要长高就要早点睡，要不然就错过了生长激素分泌的最佳时段。再说女孩子不早点睡会有眼袋的,多难看呀!"

米妈每天睡觉前都会把同样的话说几遍,米米听得很不耐烦,甚至发现自己听完这些更加睡不着了。一个学期过去了,米米的入睡困难更严重了,妈妈也因此变得更加焦虑,担心孩子会因为睡眠不足影响学习、影响身高,但她还是不断重复着那几句话,仿佛不说就没尽到责任。终于有一天米米情绪爆发了,她眼里含着眼泪,双手捂着耳朵冲进房间,狠狠地关上门:"烦死了,天天说!我也想早点睡呀,但是我就是睡不着啊!"

父母以为多叮嘱几遍就会有效果,但其实不断地重复讲道理,不仅给孩子心理上带来压力,也让孩子感到厌烦。即使孩子认可父母表达的内容,但多次重复相同的内容也让人觉得乏味。

从心理动力层面来分析,父母的重复、唠叨是在表达自我的优越感,即我懂,你不懂。又或者是对孩子精神边界的一种入侵,通过重复来突破孩子的边界,让孩子接受父母的想法和影响——就好像很多孩子会说"感觉父母不停唠叨的嘴像一挺机关枪,不停地突突"。

父母们可以静下心来想想:如果说了100遍还是没用,那为什么要说第101遍呢?到底是孩子固执,还是自己也陷入了跟孩子较劲的旋涡呢?

父母想把自己的人生经验分享给孩子,希望孩子可以少走弯路、一生顺遂。但所谓"弯路"对孩子来说,也许是一种宝贵的人生体验。如果每一步都按父母设定好的路径来走,孩子是按照父母的期望和规划过了一生,还是遵从自己意愿去探索了生命的更多可能性呢?

当父母开启了唠叨模式,孩子就会防御性地关上心门,再往后进行的就已经不是有效的沟通了,而是双方能量的不断耗损。

障碍二:"你就是个垃圾!"——否定:父母的否定会对孩子产生负面影响

一个人最初对自我认知的形成,很大程度上来源于家庭和父母的反馈。如果父母对孩子是喜欢的、欣赏的,孩子就会感知到自己是受欢迎的、是好的;如果父母经常责备和否定孩子,孩子则会形成消极的自我认知——我是不受欢迎的、不好的。

这种自我认知并不是突然形成的,而是在跟父母生活的过程中一点一滴累积起来的。父母不经意间的表达,影响着孩子对自己的认知。比如,孩子在几件事情上没坚持到底,父母可能就会得出"你做啥事就三分钟热情"的结论。这种信息一旦被不断重复,哪怕不是通过语言而是通过父母的态度表现出来,孩子也会慢慢接受这种负面的自我标签。

父母的语言对孩子的影响不亚于催眠,只是双方都没有意识到语言有这么大的魔力。

障碍三:"你再……我可就"——威胁:导致孩子对抗到底

"你再不起来,我可就走了!"

"你再不收拾东西,我就全部拿去丢掉。"

"你再天天玩手机,我就亲手砸了它。"

在孩子小的时候,吓唬孩子是特别管用的手段,孩子可能马上停止哭闹,乖乖听父母的话。但是,吓唬和威胁不会一直有效。只是因为孩子当时无法直接对抗父母,而是选择了暂时的妥协。孩子因为被威胁而产生的愤怒情绪并没有被释放出来,而是转化为别的对抗形式,比如拖延(一种隐形的对抗方式),或者故意把其他事情搞砸来"报复"父母。

威胁的本质是在跟孩子"讲条件"——你只有怎样做,才能获得某些东西或者权益。同时,这又是一种不平等条件,因为孩子没有"讨价还价"的权利,他们被要求只能服从。父母的这种做法是用自己的权威去压制孩子,这反映出父母的无力感——实在没有办法了,只能采取强硬压制的方式。

然而,孩子能够感知到事情背后父母的动机和处境。随着年龄的增长,孩子可能会学会用"讨好"来达到自己的目的,或者学会抓住父母的弱点去跟他们对抗。

比如,有的孩子会在父母面前塑造乖孩子的形象,压抑自己的需求去满足父母的期望。明明不喜欢的事情,也会因为父母的要求而去做。这样一种关系模式可能还会复制到跟其他人的交往中,日积月累,孩子可能会变成"讨好型人格"——处处讨好别人,不敢表达自己的需求。他们内心既愤恨自己不敢表达,也愤恨别人不理解自己,生活在一种纠结而压抑的状态中。

还有的孩子到了青春期会直接反抗父母。面对威胁,他们常常直击父母的软肋进行回击:"书不读就不读了呗,你想怎么样就怎么样呗。"父母想要孩子妥协,却遭遇了孩子的蔑视。这种亲子关系里没有赢家,双方都会伤痕累累。

障碍四:"你都去哪儿了"——盘问:促使孩子撒谎

小时候,孩子很乖巧地问你:"妈妈,我可以吃一颗糖吗?我能去楼下玩会儿吗?"到了后来,孩子可能会简单地说:"妈,我出去一趟。"到了青春期,孩子可能连招呼也不打,晚上十点才回家。

这时,作为母亲的你,既担心又生气,忍不住开始盘问:"你去哪儿了？"

孩子："跟同学看电影了。"

你："哪个同学，男的还是女的？"

孩子："嗯……男的(事实是女同学)。"

你："哪个班的,叫什么名字呀？"

孩子："你烦不烦啊！"然后"砰"的一声关上了门。

父母以为不断询问是在表达关心，担心孩子被骗，但是孩子感受到的是"不信任"——父母不信任他的能力、判断，甚至品格，孩子自然会选择撒谎或者回避来回应父母的盘问。而得不到真相的父母只会更焦虑，他们可能会采取更极端的方式来了解孩子的动向，比如不敲门，偷看孩子的日记、微信和QQ聊天记录等。

盘问和撒谎这对行为的背后是亲子之间的权利争夺——父母想要掌控孩子的一言一行来确保安全和安心；而孩子想要捍卫自己做决定的权利和隐私权。当被父母逼得急了，孩子就可能会通过撒谎或者掩饰的方式来回应，甚至变得"反叛"——你越不让我做的事情，我就越要做。

孩子终归要长大，离开父母去过自己的人生、去面对不确定的世界。父母与其迟迟不肯放手而阻碍孩子的成长，不如从小培养和谐的亲子关系，在日常生活中引导孩子如何为人处世，以身作则给孩子示范健康而安全的生活方式。

怎样才能建立和谐的亲子关系呢？恰恰是父母要信任孩子，多给孩子尝试的机会。亲子教育专家简·尼尔森博士曾说："孩子只有在感觉好的时候，才愿意表现得好。"父母的信任会激发孩子更多正面的行为。

障碍五:"你看看人家!"——比较:剥夺孩子价值感的利器

全世界孩子最不喜欢听的就是"别人家的孩子……"

这个"别人家的孩子"可能是同班同学,也可能是某个亲戚家的孩子,还有可能是隔壁邻居家的孩子,甚至可能是路边一个不认识的人。只要父母口中这个"人家"一出现,孩子就会感觉到被贬低、被轻视、被羞辱。

"你看看人家,每次考试都能进年级前十。"

"你看看人家,琴棋书画样样都会。"

"你看看人家,一回家就写作业。"

…………

父母的本意是希望孩子有个榜样,跟着榜样学习而取得进步。但是,当把自家孩子拿去跟"人家"比较的时候,孩子感受到的都是自己不被认可、自己的低价值感以及父母对自己的失望。

那如果改变一下"比较"方式呢?效果是否会不一样呢?比如:

"宝贝,你打篮球比小明强多了!"

"闺女,妈觉得你比其他女同学都好看。"

这种贬低别人、抬高自己的比较方式也是有害的。父母传递给孩子的是对他人的傲慢、不尊重,这也会影响到孩子的人际关系。同时,孩子心里始终悬着一把剑,那就是"我不能比别人差,否则妈妈/爸爸就不爱我了"。

比较,就是把"他人"当作对评价自己价值的参照物,拿别人来对标自己的生活。如果一个人对自己好与坏的评价完全来自外界,那么他对自己的认知就是不稳定的,而且也会激发越来越多的焦虑——因为比自己更优秀的人,永远都存在。

第二节　清障:四个策略让你说什么,孩子就能听什么

一、聊了很多次都没效果,"三级沟通"帮你秒辨真假沟通

也许有的父母以为,只要跟孩子"对话",这就是沟通。其实不然。让我们来看看下面这两组对话。

对话一:

父母:"这次期中考试考得怎么样?"

孩子:"还行吧。"

父母:"大概能排在班里第几名呢?"

孩子:"不知道。"

对话二:

父母:"今年暑假出游,你想去上海还是贵阳?"

孩子:"贵阳吧,夏天凉快。"

父母:"贵阳有什么好看的,全是山,还是去上海吧。"

孩子:"那你干吗还问我?"

语言的沟通分三级:内容沟通、关系沟通、情感沟通。内容沟通是第一级沟通,是指对话里传递的客观信息,比如时间、地点、人物、事件、数据等。关系沟通是第二级沟通,是指沟通双方之间的关系,

比如是否彼此尊重或存在一方控制另一方的情况等。情感沟通是第三级沟通,是指沟通中双方情感的交流和回应。

我们来看对话一,虽然亲子双方都说话了,但并没有传递实质内容,也没有情感的流动,唯一能感受到的是孩子对父母的敷衍,这种沟通可以称为假沟通,也叫无效沟通。对话二中,亲子双方有交换信息,孩子做出了选择,但被父母否定了,孩子最后的情绪是愤怒的。对话二的沟通中虽然有内容(出游目的地),但由于父母对孩子的不尊重(关系),孩子的情绪是没有被看见和回应的,所以也是无效沟通。

有效的亲子沟通的检验标准就是沟通是否能促使亲子关系变得更好。父母们可以思考一下,平时跟孩子的沟通是否只停留在"传递信息"上,甚至有时连基本的信息传递都没有实现,变成了"无意义"对话。

事实上,任何能增进亲子关系的方式都可以被视为有效沟通,不一定是语言。比如,给孩子一个大大的拥抱,送孩子一份贴心的礼物,甚至只是用欣赏的目光看着他都行。

二、孩子一回家就关门,"嘘"原则让他主动跟你聊

我们来看两个场景:

场景一:

妈妈正在厨房做饭,看见孩子放学回家就跟孩子打招呼:"回来啦。"孩子只是很敷衍地回了一声"嗯"就径直回自己房间了,还反锁了门。做好了饭,妈妈叫孩子:"出来吃饭了。"等了两分钟,孩子还是没有出来,妈妈就去敲孩子房间的门:"干啥呀你?吃饭还得叫几遍呀!"孩子很不耐烦地回应妈妈:"知道啦,你烦不烦呀!"

面对这道冰冷的门和孩子没礼貌的回应,妈妈既生气又无奈,更不清楚曾经的乖乖宝怎么突然变成了"小怪兽"。

青春期的孩子更加在意独立和自主,这是迈向成年的必经阶段,并非刻意要跟父母对着干。他们有了明显的"领地"意识——希望自己的地盘自己做主。这个私密的、专属于自己的房间,给了孩子自主感和掌控感。

场景二:

妈妈还是习惯于像以前那样每天替女儿打扫房间——把衣服、被子叠整齐,把书放回书架上,还顺手扔了一些没用的纸片。没想到女儿放学回家,一进自己房间就发怒了,大声质问妈妈:"谁让你进我房间的?"妈妈回答:"你房间太乱了,我顺手帮你收拾一下,你还不乐意呀?"

女儿:"你是不是把我同学送我的礼物扔了?"

妈妈:"你说那几张纸吗?我看着没什么用就丢了。"

女儿竟然带着哭腔:"你凭什么扔我东西?呜呜呜……"

从表面上看,女孩是在为几张纸而哭泣,实际上她是在捍卫自己的隐私。青春期的孩子有了自己的"小秘密",作为一个独立自主的人,每个人都有权保留一个不被外界窥视的物理空间和心理空间。这种物理空间上的"屏障"或者"边界",体现了孩子在心理上与父母慢慢分化,建立完整的、独立的自我的必经过程。

如果父母没有意识到需要尊重孩子的隐私,而一次次窥探孩子的隐私,比如翻看孩子的日记、查看孩子的聊天记录、付款记录等,那么父母进入的就不仅是孩子物理上的空间,还在"入侵"孩子的心理空间。孩子感受到的是自己的尊严和自由被践踏了,随之而来产生的感受就是"你们怎么啥都要管"。

与青春期的孩子相处,父母要学会"嘘"原则——就是把食指放在紧闭的嘴边,忍住少说或者不说。那看到孩子做错了或者有潜在危险也不能提醒吗?当然不是!少说只是少用语言表达,给孩子空间和尊重;同时,采用孩子认可的其他沟通方式表达关心和建议。比如,给孩子发信息或者写信(纸条)。很多孩子在收到父母用手写的信后都感觉拉近了距离,感受到了爸爸妈妈的爱。

等孩子平稳度过了青春期,他们就会"打开门",重新回归家庭,主动跟父母分享日常和生活。

三、孩子总是顶嘴,父母学会"以退为进"

"现在的孩子,你说一句,他说十句",这可能是不少父母的感慨;还有的父母跟孩子"说不到三句话就能吵起来"。俗话说"一个巴掌拍不响",一个人也不可能吵起来。面对孩子的"顶嘴",父母们可以"以退为进"——不跟孩子正面交锋,为什么要这么做呢?这是因为:

第一:孩子的顶嘴,只是为了彰显他与你"不一样",而非不尊重父母。

比如,吃晚饭的时候,妈妈热了昨晚吃剩的饭菜。孩子建议倒掉,理由是隔夜菜里含有致癌物,吃了对身体不好。妈妈"教育"孩子要懂得节约,不可以浪费。孩子一本正经地说:"妈,你不懂,隔夜菜里含有大量的亚硝酸盐,我们化学课都学了。为了节省这么点菜,生病了花的钱是不是更多?"青春期的孩子,说起道理来头头是道,父母有时感觉招架不住。

随着知识和见识的增加,青春期的孩子有时有强烈的表达不同观点和立场的愿望,借此来表明他是一个有独立意识的、不同于父母的个体,有时也想炫耀他们懂得比父母多。这样的行为跟孩子第一次能独立走几步路而激动得拍手本质是一样的——就是成长过程中要不断获得"胜任感"(我能行)和价值感(我真棒)。只是获取胜任感和价值感的方式显得有些幼稚、生硬、不得体,但这也是青春期的孩子不成熟、经验和阅历不足导致的。父母在被孩子顶撞后,如果能够看到事情里包含的"积极意义"——虽然不够全面和得体,但是孩子正在独立思考问题,会不会就没有那么生气了?如果父母足够包容且善于引导,孩子就会受到鼓励并尝试探索更多。

比如,关于剩饭的例子,妈妈就可以说:"你懂得真多!那亚硝酸盐到底从哪里来的?除了剩饭剩菜里哪里还有呀?"

第二:孩子的顶嘴,是在争取自己的权利。

前面我们说过,语言的沟通分为三级:内容沟通、关系沟通、情绪沟通。父母很多时候关注的是孩子顶嘴的内容与自己有分歧、不一致,但孩子争取的其实是关系层面中自己的权利。比如,父母决定周末全家一起回老家看望爷爷,而孩子已经提前跟爷爷商量好下周末再回去探望,因为他这个周末要跟同学出去玩。

父母可能会很生气,认为孩子不孝顺:"你就那么忙吗?看望爷爷都没时间?你那些朋友比你爷爷重要?"

孩子可能会马上回击:"凭什么我就要跟你们一起回去呢?我已经跟爷爷打过电话了!你们要孝顺,怎么不把爷爷接过来住呢?"

这种剑拔弩张的沟通方式,其实是父母在表达"你要听我的",而孩子在表达"我要自己做主"。在这种情况下,父母要以退为进,属于孩子自己的事情让他自己做决定;属于家庭的事务,家庭成员共同做决定。看望爷爷,是在表达对老人的关心和孝顺,父母和孩子其实没有分歧,只是他们表达关心的方式不一样而已。孩子也打了电话,也跟爷爷商量了。

父母应该尊重孩子的方式,因为越是被尊重的孩子,越会反过来认同家庭的价值观。而且,只有能自己做决定的人,才能学会为自己做的事情负责任。

第三:孩子的顶嘴,是在"复制"父母的沟通方式。

孩子说:"妈妈,我今天不知道把笔放在哪里了。"

妈妈回应:"谁让你那么不小心,连一支笔都保管不好,你还能干什么!"

孩子说:"妈妈,我考试的时候不小心写错了一个数字。"

妈妈回应:"你自己马马虎虎怪得了谁。"

如果一个孩子在青春期前与父母的沟通中积累了很多不好的体验(总是被指责、被控制、被轻视等),那么到了青春期,孩子就会用同样的方式跟父母沟通。这个时候,父母需要认识到问题所在,尝试接纳孩子的情绪、理解孩子的感受,并提出解决问题的建议。

父母是孩子的第一任老师,家庭是孩子的第一个课堂。父母的成长永远是孩子成长的前提。

四、孩子敏感易怒说话"伤人","人事分离"迎来和谐共处

青春期的孩子分外敏感,一句不经意的话、一件不经意的小事可能都会触动他们的神经,引起不良反应;而父母们常常不知道激

发孩子情绪反应的"点"是什么，总感觉得小心翼翼才不会招惹到他。

那是不是孩子到了青春期，父母就得闭嘴、尽量不跟孩子沟通了呢？那倒不是。影响亲子沟通的主要因素有以下几个方面。

第一：亲子关系的基础

如果父母在孩子青春期前就跟孩子建立了融洽亲密的关系，孩子在跟父母的互动过程中得到的关于自我的评价正面、积极居多，孩子的自我价值感比较高，那么孩子到了青春期就不会因为自卑、敏感而时时"为难"父母。

第二：父母跟孩子沟通的方式

下面，我们先来看两个场景：

场景一：

妈妈回家时，看见孩子房间的地板上放着几件脏衣服，而且垃圾桶里装满了垃圾，于是就问女儿："你怎么又把脏衣服放在地板上，不是跟你说过很多次吗？换下来的衣服直接放进洗衣机里。你怎么这么不爱干净呢？"

孩子没好气地回答："衣服在我房间关你什么事？就你最爱干净行了吧。"

这样的沟通氛围是不是很不和谐，感觉随时会大吵一架？

场景二：

妈妈回家时，看见孩子房间的地板上放着几件脏衣服，而且垃圾桶里装满了垃圾，于是就提醒女儿："衣服还在地板上呢，垃圾桶也满了。"

孩子说："哦，知道了，我等下就去收拾。"

第一章 亲子沟通：打破隔阂，为孩子的成长插上翅膀

同样的情形,同样的人物,为什么会有不同的沟通效果呢？这主要有三方面的原因：

(1)父母语气不同。

父母跟孩子沟通时,是在平等地"交流"还是在严肃地"训诫",孩子瞬间就能感知到。如果父母的语气里带着命令、指责、说教,极有可能会触发孩子的抵触情绪。

(2)关注点不同。

在场景一中,妈妈关注的是孩子的具体行为,通过这个行为来"评价"孩子,本质上是关注孩子这个"人"。当孩子察觉到妈妈语气里的责备时,就会出于本能进行"反驳",最终的沟通就偏离了解决问题这个目的,成了亲子冲突的导火索。

场景二中,妈妈只是在陈述自己看到的事实,聚焦事情本身而非个人,不会引起孩子的负面感受,这样反而更有利于问题的解决。

(3)引发的感受不同。

父母很多时候认为自己只是在"提醒"孩子,但孩子接收到的信息却可能是父母的不满和指责。沟通最终的走向,不取决于"表达者",而取决于"接收者",也就是我们常常说的"言者无意,听者有心"。

在场景一中,妈妈的语言暗示孩子是一个不负责任又懒惰的人,是在剥夺孩子的价值感,削弱孩子的能量。场景二中,妈妈的语言更平和、客观,孩子会从这件事情里吸取经验,并且也学会了这种平和的沟通方式。所以,父母在跟孩子沟通时要做到"对事不对人"。孩子感受到尊重,也就更愿意跟父母合作、达成一致。

第三节　修复：四个锦囊让父母和孩子重回甜蜜时光

与青春期的孩子修复关系，首先要找到破坏关系的原因，然后再遵循科学的沟通方法，才能重建和谐友爱的亲子关系。"价值CT片"可帮助父母看清冲突的根源，"四不法"可帮助父母把孩子重新拉回身边，"黄金步骤"可让亲子沟通有迹可循，"专属时间"可让家成为孩子温馨的港湾。

一、孩子憎恨父母，"价值CT片"让父母看清背后的原因

孩子处于青春期时，父母与孩子之间的磕磕碰碰在所难免，在有些家庭甚至成了家常便饭；而冲突过后的处理非常考验父母的智慧。

如果双方僵持不下，互不理睬，就会让亲子关系陷入冷战之中，还可能会造成亲情的疏离，甚至埋下怨恨的种子。如果父母逼着孩子认错，孩子可能口服心不服，长此以往，孩子有可能会在某个点爆发，也有可能变得自卑、自我不满甚至自我攻击。

父母与孩子修复关系或者说和解的目的，并不是简单地说句"对不起"，或者赔礼道歉，而是让双方通过这件事能够增进了解。父母可以尝试用"价值CT片"来看清亲子冲突中自己的诉求和孩子的需求是如何冲突的，进而转换沟通方式，达到互相理解的目的。

第一章 亲子沟通：打破隔阂，为孩子的成长插上翅膀

价值CT片是一个比喻，它透过父母的言语和行为，帮助父母看清在亲子关系中双方的价值追求和内心需求是如何相互冲突的。很多亲子冲突的本质都是价值观的冲突或者是对权利的争斗；而不管是父母还是孩子都极少意识到：他们真正吵的是什么。

比如，父母是在抱怨孩子成绩差吗？不是，父母担忧的是，孩子成绩差，考不上好大学，找不到好工作该如何生存。父母是在生气孩子玩手机吗？不是，父母是害怕孩子长时间看手机会影响视力。可以说，每一位父母的生气和暴怒背后都有一个担忧和焦虑，而价值CT（见下表）就是透过表面现象，像拍CT（造影）一样，看到亲子双方冲突的本质是什么。

价值CT

父母常见的口头表达（一）	内心想要表达的	CT造影下显现的价值追求
跟你说过多少遍了，就是不听	我是对的，你是错的	我更聪明
早就提醒过你了，现在知道错了吧		
当初你要是听我的，会这样吗		
父母转念后的表达	**转念思维**	**新的价值追求**
也许你有自己的想法，说来听听看	就算我是对的，孩子也可以有不同的看问题的角度	从追求"我更聪明"到追求"我们更和谐"
人都难免疏忽，我们一起来分析一下哪里出了纰漏	就算孩子坚持自己的想法最后错了，但这也是一次学习	
你当初没有听取我的建议，是有别的考虑吧	鼓励孩子多表达，是增进理解的最佳方式	

续表

父母常见的口头表达（二）	内心想要表达的	CT造影下显现的价值追求
这事儿必须听我的	你居然敢来挑战我	我最权威
还反了你了，有本事别问我要钱		
我吃的盐比你吃过的饭都多		
父母转念后的表达	转念思维	新的价值追求
这件事儿你是怎么想的	孩子是独立的个体，他可以有自己的看法	从追求"我最权威"到追求我们彼此的尊重和平等
我理解你有你的想法	孩子需要被尊重，而不是绝对服从	
你也可以听听我的建议，参考一下	父母可以建议，但决定权在孩子，人生毕竟是他自己的	
父母常见的口头表达（三）	内心想要表达的	CT造影下显现的价值追求
要不是为了你，我早就……	你怎么能这么对我	我最付出
我一天从早忙到晚，我容易吗		
你对得起我吗		
父母转念后的表达	转念思维	新的价值追求
这是我自己的决定	父母不能把孩子当成自己人生选择的借口	从追求"我最付出"的高尚感到追求为自己的行为负责的责任感
虽然每天都挺累的，但我愿意啊	我付出是因为我爱孩子	
你努力去做就好了	孩子不需要对我的人生负责	

第一章 亲子沟通：打破隔阂，为孩子的成长插上翅膀

续表

父母常见的口头表达（四）	内心想要表达的	CT造影下显现的价值追求
哪个孩子不是每天熬夜写作业啊	有什么好大惊小怪的，这不是很正常吗	我最客观
就你觉得难啊，那别人为什么不觉得		
行了，行了，做点小事说了800遍		
父母转念后的表达	转念思维	新的价值追求
每天熬夜写作业也挺累的吧	孩子在这件事上付出了很多努力	从追求"我最客观"的优越感，到追求共情孩子、拉近距离
我理解这件事情并不容易	孩子本意也是想把事情做好，但他遇到了困难	
我注意到你为这事付出了很多	正因为孩子付出了，所以才会在意	

价值CT表帮助父母看清自己在跟孩子沟通过程中冲突和误解的根源，这些都是亲子沟通的障碍；障碍被移除之后，我们还需要搭建桥梁，拉近跟孩子的距离，而搭桥就需要在沟通中运用"搭桥"句式（见下表）。

搭桥句式

"搭桥"句式	表达的含义	参考例句
我知道…… 其实……	表达理解	我知道你上课听不懂课程内心很着急 其实你已经做得够好了
多亏有你…… 谢谢你……	表达感谢	多亏有你提醒，要不然我根本想不到这么好的办法 谢谢你告诉我你的感受，要不然我还以为这样挺好

续表

"搭桥"句式	表达的含义	参考例句
不容易…… 真厉害……	表达认可	要面对这种情况并不容易,但你做到了 咱家的周末出游你安排得又省钱又省力,真厉害
对不起…… 请原谅……	表达歉意	对不起我没顾及你的感受,说了一些让你伤心的话 请原谅我忘记了曾经答应你的事情

这个移除障碍再搭桥的过程,让亲子之间多了一份理解和接纳,让孩子对父母多了一份信任和亲近。并且,孩子会从父母身上学到,可以这样来处理冲突、建立关系。这对孩子成年之后经营自己的小家庭是个很棒的示范。

二、孩子冷漠得像个陌生人,"四不法"把他拉回你身边

很多父母在尝试跟孩子修复关系的时候踩过很多坑。他们往往太急了解孩子,采用了不恰当的"非常手段",反而把亲子关系搞得更糟。比如下面的对话:

"宝贝,对不起呀,妈妈偷看了你的手机聊天记录,我知道这样不好,但妈妈是担心你被坏人骗才看的。你年纪小,还分辨不出好人和坏人……"

"宝贝,你这个学期比上个学期明显进步了,妈妈很高兴啊!你再努努力,说不定下学期能冲进班里的前20名呢!"

"孩子,妈妈很抱歉刚才一时气愤冲你大吼大叫,但是你说不想

上学,妈妈实在是接受不了啊。"

很多父母对照着"价值CT片"看到了亲子冲突的根源,然后也下定决心要修复关系。然而,他们的做法是:一开始就给孩子道歉、认错,但是每一句话的后半段都有一个"转折",要么是给自己的行为找合理的理由,要么就是明着、暗着对孩子提出更高的要求。这样做会让孩子刚刚温暖的内心再次变凉,心想:"爸妈果然还是老样子!"

当孩子回应冷淡或者心生反感时,父母可能还在困惑:"这又是怎么了?明明不是已经和好了吗?怎么说变就变呀!现在的孩子怎么都琢磨不透啊。"父母不知道的是,自己和蔼可亲的态度背后藏着明晃晃的三个字——功利心。接纳都是假接纳,是为了哄孩子开心,然后达成自己制订的目标;认可也是假认可,是把说教换了一个方式,想让孩子更努力地按自己定的方向走。

青春期的孩子虽然社会阅历不如父母多,但他们敏感的心灵完全可以感知到父母是真心想修复关系,还是想借着修复的名义进一步实施掌控。所以,当父母做出一些改变,而孩子根本"不领情"时,父母要问一下自己的内心:"在我跟孩子的沟通里面,是纯粹因为爱他,还是隐藏着我的虚荣、期待?我是真的想帮助孩子还是想控制孩子?"

孩子能感知到所有不真诚、自私和掌控的动机,要让孩子真心愿意向父母靠拢,需要做到以下"四不",这里称之为"四不法"。

第一,<u>不找理由,承担责任</u>。比如,"孩子,真对不起,妈妈翻看你手机的聊天记录,这件事一定让你很生气,觉得妈妈不尊重你的隐私。这件事我做错了,以后没有你的允许妈妈不会看你的任何东西。"

第二，不提要求，提供支持。比如，"宝贝，你这个学期比上个学期明显进步了，你如果需要复习资料或者额外辅导等帮助都可以告诉妈妈，妈妈随时都支持你。"

第三，不要说教，而是共情理解。比如，"孩子，妈妈觉得非常抱歉，刚才不应该对你大吼大叫。你会这样做一定有你的理由，可以跟我分享一下吗？"

第四，不要比较，要接纳。比如，"孩子，鸟儿善于飞行，但它不会游泳；鱼儿是游泳高手，但它没有翅膀。每个人都是不同的，我们做好自己就可以了。"

可能有的父母会说，难道就不能提要求了吗？就不能管教孩子了吗？当然不是，提要求是建立在良好的亲子关系之上，孩子愿意配合父母；管教也是因为孩子足够信任父母才会有效。

父母在生活中坚持"四不法"，亲子关系就会越来越融洽，孩子会主动跟父母聊天，也会在内心更依恋父母。

三、你说什么，孩子都愿意听的沟通"黄金步骤"

青春期的孩子不是不愿意沟通，只是拒绝跟他不认可的人以不喜欢的方式沟通。只有父母用心联结，才能打破障碍，走进孩子心里。亲子沟通的本质不单是通过语言来交换信息，更是情绪、情感的流动，通过这种流动来滋养关系。这里的沟通"黄金步骤"，是根据心理学原理先解决情绪再解决事情、先建立关系再谈教育的原则来设计的。

步骤一：接纳感受

孩子明天就要期末考试了，有点紧张地跟父母说："明天就要期末考试了,我还没准备好,怎么办呀?"下面是几位妈妈不同的回应,请站在孩子的角度来听一下,哪位妈妈的回应让你感觉更好一些。

妈妈 A:有啥好紧张的!又不是只有你一个人参加。

妈妈 B:你早干吗去了,现在才知道着急。

妈妈 C:你看上去很紧张,每次考试都会让人感到不太轻松。妈妈小时候考试前也会紧张。

三位妈妈无疑都是关心孩子的,但采用的表达方式差异很大,给孩子带来的感觉也截然不同。

第一位妈妈,是想让孩子不那么焦虑,因为所有人都会参加,但在表达方式上否认了孩子的感受,让孩子感觉紧张是羞耻的。

第二位妈妈,是想提醒孩子应早做准备,但是表达方式是指责和挖苦,从而激起了孩子内心的反感和对抗。

第三位妈妈,接纳了孩子的感受,孩子会认为,"妈妈是理解我的",孩子在被接纳的一瞬间获得了与妈妈沟通的安全感和信任感,所以孩子会愿意跟妈妈继续聊一聊。

要真正做到接纳孩子的感受,父母需要在沟通中做到换位思考,站在孩子的角度看问题。

步骤二:及时回应

当孩子的感受被接纳了,他们才会有继续沟通的意愿。当孩子在讲述事情或者感受的时候,父母需要及时回应,这样孩子才能感受到父母一直在倾听。回应的方式可以是看着孩子,时不时地点头,也可以是用"哦""嗯""是的"等简短的话语表达父母的关注。

让我们来看下面这段对话：

孩子："烦死了,我的同桌上课总是说话,说个不停！"

妈妈："哦,是吗?"

孩子："对啊,他自己不听课还影响别人！"

妈妈："嗯,他影响到你听课了。"

孩子："我多么希望老师可以给我换个同桌呀。"

妈妈："妈妈也希望！"

有的父母会担心,如果总是这样"迎合"孩子,他会不会看不清事实。家庭教育的原则是先解决情绪,再解决事情。每个孩子都有向上的力量,也都有明辨是非的能力。在孩子的感受被接纳和回应之后,他就会平静下来,开始思考怎么处理问题。

步骤三：开放讨论

有些父母在养育过程中感到焦虑,时时刻刻都想教给孩子一些道理和方法,如"你应该……""你不这样,就完了！""绝对不能……"。这些孩子爱听吗？显然是不爱听的,他们更多时候会用沉默来对抗。

沟通是多元的,父母需提供更多可行性,孩子才愿意沟通。

(1)提供选择：

不要强硬地跟孩子说"你早上必须7点起床",可以说"你计划7点起床还是7点过5分呢",这样征求意见的方式会让孩子感到生活是自己在掌控和决定的,自己是被尊重的。

(2)给建议,让孩子决定：

很多父母生怕自己几十年的人生经验、自己曾经踩过的坑不被孩子所借鉴,于是总是希望孩子"按照我说的做""必须要听我的"。

要知道,父母的人生经验在新环境下不一定都适用。父母可以对孩子说:"这种办法我试过,有效果,你可以试试看。"

这句话向孩子传递的是,还有更多的可能性可以去探索,并且父母尊重我的选择。

(3)肯定孩子的观点:

即使孩子的观点在父母看来很幼稚或者很片面,父母也应该鼓励孩子独立思考和敢于表达。

比如,父母可以说"你这个想法很独特""我觉得你说的也有道理",这样开放的心态和语言会让孩子有继续沟通的意愿。

步骤四:正面引导

在父母眼中,孩子的很多"错误"其实只是他们因不成熟或者缺少经验而做出的尝试。这个时候,父母要看到孩子做事情积极的一面去引导孩子。比如,孩子整天不想坐在教室里看书,喜欢踢球。那正面引导应该怎么说呢?比如:"我觉得你学习之余还能锻炼身体,这是个受益一生的好习惯啊。"正面的语言是给孩子种下好的种子,孩子以后工作了,可能也会一直保持运动的习惯。

再比如,青春期的孩子喜欢打扮,父母之前可能会说:"你要把注意力放在学习上,追什么潮流啊!"那正面引导应该怎么说呢?你可以这样说:"你对时尚很敏感啊,上次我在电视上看过这种风格的搭配。"

孩子不是机器人,不可能只关注学习,就像成年人不可能只关注工作一样。只要是闪光点,不管是学习上的还是其他方面的都值得被肯定。父母是希望培养一个全面发展的、身心健康的孩子,还是一个只会读书的书呆子呢?

"黄金步骤"只要父母跟着去做,就会发现沟通效果有明显的变化。

四、"专属时光"让孩子恋家

家有青春期孩子的父母常常有一种感觉,孩子离自己越来越远,好像对家没有什么留恋了。

孩子从小学一年级,也就是六七岁开始,就逐步接触家庭以外的环境,开始有了同学、朋友。到了青春期,跟同伴的交往意愿要远远高于与家人的接触。

这里要讲的"专属时光"不是父母简单地跟孩子待在一起,而是有一些特殊的注意事项需要遵守:

(1)固定性:

"专属时光"应该是相对固定的一项家庭活动,也可以是孩子跟父母一方单独的活动。比如每周日爬山,每月吃顿大餐,或者一起购物等。至于具体做什么,父母可以跟孩子商量,选择双方都喜欢的活动。总之,要形成一个家庭惯例,在固定的时间内进行。

(2)专属性:

如果一个家庭有两个或两个以上的孩子,建议每个孩子都要有跟父母的"专属时光",而不是为了提高效率把所有孩子都安排在一起。每个孩子都是独一无二的,都希望得到父母专属的爱和时间。不要觉得出生最早的老大是哥哥或者姐姐就不需要父母特别的关爱了,年龄上的差异不代表孩子的情感需求不同。

(3)纯粹性:

纯粹性是指父母在与孩子进行某项活动时,要专注于活动本身,不要有其他目的。这一点尤其重要。很多父母都特别"珍惜"跟孩子在一起的时间,如果不抓住时间讲道理、教育、叮嘱、评论孩子,就会浪费时间。然而在"专属时光"里,这些行为都是破坏性的。试想,如果父母专门挑出一个时间来"教育孩子",这样的活动会有哪个孩子愿意参加呢?

每一次的"专属时光",都会在孩子心底种下一段美好的回忆;这段美好的回忆会让孩子将美好、幸福与家联系在一起。这样的时光足以滋养孩子的心灵,成为他们余生抵御风雨的黄金盾牌。

第四节 助力:让父母的每句话都成为孩子前进的动力

一、孩子胆小懦弱不自信,巧用"醒心法"点燃他的小宇宙

我们先来看一个案例。

小明和小军是同班同学,他们的妈妈都很爱他们,但他们每天都生活在不同的世界里。

【小明的睡前半小时】

"明明,快喝杯热牛奶睡觉了,要不然明天早上又起不来!",妈妈大声催促着趴在床上看故事书的小明。

小明似乎根本就没听见,动也没动一下,继续盯着故事书,还不

时会心地微笑。

见孩子没动,妈妈走到床前,把牛奶递给小明,"叫你没听见啊?你学习要是有这么用功就好了。拿好了,别洒在床上了啊!"

结果,小明喝了一口,杯子斜了,牛奶撒了一些在床上。

妈妈很生气,快速走到书桌前抽出几张纸巾去擦床单上的牛奶,但还是慢了:"教了你多少遍,不要在床上吃东西,就是不听。床单弄脏了你洗吗?"

小明的脸色马上暗淡下来,嘴里嘀咕了几句。

妈妈说:"你嘀咕啥,我说错你了吗?"

小明默默喝完牛奶,把杯子放在了书桌上,准备睡觉。

妈妈一把拿起书桌上的空杯子,"喝完了杯子就放这里呀?跟你说了多少遍,要自己放到厨房去。"

【小军的睡前半小时】

"小军,你要喝杯热牛奶吗?闻着很香哦,喝完能睡个美美的觉。"小军的眼睛丝毫没有离开过正在看的绘本,似乎没有听到妈妈在说什么。

妈妈走过去轻轻拍了拍小军的肩膀,小军这才转过头来看了看妈妈。妈妈微笑着把牛奶递给小军,"给!"小军接过牛奶说:"谢谢妈妈。"然后就边看书边喝。

小军单手翻书的时候,另一只手拿着的牛奶杯倾斜了,牛奶洒在了床单上。这时妈妈正好进来,妈妈说:"牛奶洒了,你床头柜上有纸巾,自己擦一下。"

"哦!"小军快速把杯子放在床头柜上,抽出纸巾去擦干床单上的牛奶。

临近睡觉时间，妈妈走进小军的房间，先拍拍他的肩膀，再把他手上的书合上了，轻声说道："睡觉时间到了哦。杯子还在你床头柜上，记得拿去厨房。"

小军冲妈妈一笑，拿起杯子放到了厨房的洗碗槽里。

很多父母读完这个故事都感慨："我总是想着要教育好孩子，什么地方不对要马上指出来，每天跟在他屁股后面叨叨，原来很多细节都没做对。"

小明妈妈的语气中充满了催促、指责、否定、不信任，这些传递给小明的感受可能就是——我真笨，什么事情都被妈妈说，而且还很倒霉，连牛奶都撒了。这样的情绪对孩子来说，就是一种负能量。

反观小军妈妈的语言里充满了尊重、等待、信任，这些传递给小军的感受就是——我做得还不错，我能自己搞定生活。小军妈妈甚至为了不打扰到孩子，选择用手去轻轻拍孩子，这样的肢体接触传递的信息更直接、更温暖。

也许有的父母把教育误以为是"说教"了。父母跟孩子沟通不一定非得上纲上线、有主题、有目标，也不一定非得评价和纠正。真正好的教育是润物细无声的，生活本身就是最好的教育。孩子能从父母的一言一行中学会如何待人接物、如何面对生活挑战。

父母对孩子说的每一句、传递的每一个眼神，都在塑造孩子对自我的认知——我是好的还是不好的、我是受欢迎的还是让人讨厌的、我是勤奋的还是懒惰的，等等。

如果父母坚持用正面的语言、积极的心态去看待孩子成长过程中的所谓"错误"，把"错误"看成孩子的积极尝试和学习契机，那么孩子在父母的一次次"认可"和"鼓励"中就越来越笃定自己是好的、是受欢迎的,自然也就成长为一个健康、自信的人。

二、避开给孩子"减油"的三个陷阱

陷阱一:独立陷阱——树大自然直

有一种养育方式叫"放养",顾名思义就是给孩子充分的自由和空间,让孩子自己做选择,自己为自己的行为负责。这听上去似乎很合理、很开明。但真的就像把一个不会游泳的孩子一脚踹进水里,他就能学会游泳了吗?他可能不是学会了游泳,而是经历了一次重大的心灵创伤,那种恐惧的感觉可能伴随他一生。他并不是学会了"独立",而是被迫做出的"挣扎",是拔苗助长。

家长认为孩子所有的事情可以让他自己来做,不用管他,长大了就慢慢懂事了、独立了。但事实上,这种做法走向了独立的反面——孩子是被迫长大的,他的心理还"卡在"幼儿期或者童年期的某个阶段,他的内心一直住着一个恐惧、无助、缺爱的孩子。

<u>让孩子做决定做尝试的前提是父母做过示范、做过引导,并且在过程中给予支持</u>。就好比父母给孩子搭好了戏台,得先教会孩子唱戏,并且在台下观察,及时给孩子肯定和鼓励,孩子才能唱好自己的人生大戏。父母既不能代替孩子去唱戏,也不能丢下不管,更不能经常上台抢戏。

独立是最后呈现出来的结果,在此之前,是一系列的接纳、理解、肯定和认可。而独立的起点恰恰是健康的、稳定的对父母的依恋。被爱"喂饱"的孩子更能在未来的道路中克服困难、不怕挫折,勇敢探索。

陷阱二：表扬陷阱——捧得越高，摔得越痛

小明和小军期末数学考试都考了100分。回到家以后，小明的妈妈对他说："明明你可太棒了、真聪明，居然一道题也没错哦！想要什么礼物妈妈给你买。"小明听完妈妈的话自然也很开心，但他也开始隐隐地担忧——万一下一次考不到100分，妈妈会不会不高兴，会不会就没有礼物了？从这一刻起，考100分就变成了一把悬在小明头上的刀，他不敢懈怠，又害怕失败。

小军回到家，妈妈微笑着问他："考100分什么感觉呀？"小军说："很开心啊，超爽的！""那你是怎么做到的呀？"妈妈说。然后小军就开始分析自己做对了哪些事情，什么地方还可以提升等；总之，小军的注意力被妈妈转移到了分析和总结上面。

小明妈妈是在"表扬"孩子，表扬关注的是结果，是这个人。被说聪明的孩子一旦遇到挫折，就会认为自己被否定了——我不够聪明、不够好。孩子会因为害怕被否定而避开尝试，会不断想要去证明自己而选择待在自己擅长的区域内，这无疑是束缚了孩子、削弱了孩子内在的力量。

小军妈妈是在"鼓励"孩子，鼓励关注的是过程，是行为。被鼓励的孩子遇到挫折会不断尝试新的方法，因为行为和方法是可以调整的。孩子不会害怕万一失败了自己会受到攻击。并且，他体验过成功的喜悦，这种美好的感受被妈妈的询问加深了，会成为他克服困难的动力，这样就增强了孩子的心理能量。

陷阱三：评价陷阱——捆住了孩子的翅膀

每个孩子从一出生，就开始接受家人和周围人的评价："这个宝贝一看就聪明""这个宝贝真可爱"。评价,就是外界贴在孩子身上的标签。心理学家贝科尔认为:"人们一旦被贴上某种标签,就会成为标签所标定的人。"每一个人都有寻求社会认同的心理,这是标签能够发挥作用的重要原因。

(1) 负面标签:

在日常沟通中,父母很容易把孩子一时的行为"标签化"。比如,孩子因为期末考试没有考好,把自己关在房间里,连续几天不出门。父母本来是想要鼓励孩子勇敢,但脱口而出的话却是:"你怎么这么脆弱啊!这么小的挫折都承受不了吗?"孩子听到自己被否定,可能会本能地反驳:"是呀,我就是这么脆弱啊!"

父母看到孩子情绪激动就不敢再说了,也可能在接下来的几天跟孩子说话都很小心。也就是说,父母真的把孩子当成了一个"脆弱的人"来对待。如果把时间再拉长一点,孩子就会在父母语言和行为的"暗示"下,变成一个"脆弱的人"。所以,负面标签就像一种催眠,被贴上的人会不自觉地朝着这个标签指向的方向发展;而孩子在某些事情上表现出的勇敢、坚韧的品质也很难被"看见"。

(2) 正面标签:

既然标签有这么大的魔力,那是不是要尽量多给孩子贴上正面的标签呢?答案是否定的。正面标签在短期内确实有积极意义,能鼓励到孩子;但这并不意味着就该贴。原因主要有三点:

①正面标签可能成为一种"隐形的控制"。比如,当一个孩子被夸"懂事",刚开始孩子也会很开心,认为自己得到了认可;但是随着孩子自我意识的成熟,随着独立思考的发展,孩子会迷茫:在一些选择上,是该"懂事"地遵从父母的意见,还是应该按照内心的想法走自

己的路?

有的父母会用"懂事"来控制孩子,比如,希望孩子在家附近上大学,不要去太远的地方工作,父母认为这样一家人离得近,有照应,殊不知束缚孩子的发展。如果孩子不能突破标签,就会屈从父母的安排,但孩子的内心一定是压抑的,因为人都本能地想要按照自由意志来生活。如果孩子真的听从自己的想法,又会对父母产生愧疚感,因为这么做是"不懂事的",这种愧疚感就是孩子对自我的攻击。

②正面标签可能成为"道德绑架"的帮凶。比如,一个孩子被贴了"慷慨大方"的标签,这当然是一种正面认可。但当一个孩子在青春期寻求自我角色定位的时候,他可能不自觉地被标签绑架了。自己有富余去救济别人当然是好的,但是如果自己并不富余还要为了"慷慨大方"这个名头去助人,就会给孩子带来很大的心理压力,即对助人产生纠结和犹豫,同时又可能陷入对自我价值的怀疑中——我是大方的还是自私的呢?

正面标签虽然有积极的意义,但是也要慎用,标签既可以成为激励手段,也可能成为束缚。父母最重要的是引导孩子建立内在的自我评价体系,不轻易被外界的评价打乱内心的节奏,才能活出绽放的人生。

三、"四种沟通法"让孩子能量满满

语言是有能量的。父母的语言应该是为孩子赋能,而不是打击孩子。

对话一:

孩子:"妈妈,我不喜欢学英语,我觉得学英语没什么用。"

妈妈:"那你觉得什么有用呢?是看手机有用,还是玩游戏有用?"

……………

对话二:

孩子:"妈妈,我长大想当宇航员!"

妈妈:"梦想不是只靠嘴巴说就能实现的,你为你的梦想付出了哪些努力呢?"

……………

对话三:

孩子:"妈妈,我这次数学单元测试没考好。"

妈妈:"为什么没考好呢?你练习过口算吗?上课认真听讲了吗?"

……………

这三段对话反映了很多家庭亲子沟通的日常。父母往往不是在跟孩子"沟通",而是在单方面地否定、说教和指责孩子。这是典型的聊天终结者的说话方式。孩子听到这些语言后,他们的感受是什么?是充满能量和自信,还是感到沮丧和失望并放弃沟通?具体应该怎么沟通呢?

(1)"好奇宝宝"沟通法:

如果父母在跟孩子沟通的时候急于评判、急于下结论、急于教育孩子,那么这种沟通方式是进行不下去的,会让孩子反感。而"好奇宝宝"沟通法则鼓励父母在沟通中表达对话题的好奇和对孩子的尊重,以此引导孩子表达更多、思考更多的方法。比如,

孩子:"妈妈,我长大了想要当宇航员。"

妈妈:"哇哦,那么厉害呀!要怎样才能当上宇航员啊?"

孩子:"身体要特别好,视力还要很好才行。"

妈妈:"哦,原来当宇航员还有这些要求啊。那你开始锻炼身体了吗?"

孩子:"有啊,我现在加入学校的篮球队了。"

妈妈:"那你们篮球是怎么训练的?"

……………

妈妈一直在表达对话题的兴趣,引导孩子说更多。这不仅可以让自己更多地了解孩子,还能拉近父母跟孩子的距离,尽量减少所谓的青春期叛逆。

(2)"情感联结"沟通法:

在前面,我们讲过沟通的三个层级:内容沟通、关系沟通和情感沟通,如果父母在沟通中时时刻刻想的都是"教育"孩子,那么这种沟通从一开始就是"不平等的"和"功利性的"。孩子其实很容易察觉到这一点,所以他们才会常常抱怨:大人说什么都能与学习挂钩,他们虚伪得很……

父母的一言一行本身就是教育,并不需要父母刻意去"说教"。

比如下面这段对话:

孩子:"烦死了,期中考试没考好!"

妈妈:"没考好确实有点沮丧。"

孩子:"是啊,复习了那么久结果考的都是我不会的。"

妈妈:"是啊,感觉努力白费了。"

妈妈通过对孩子情绪的理解和接纳,反而让孩子很快从消极的情绪体验里走出来,开始思考解决问题的方法。孩子可能会继续说:

"那倒也不是努力都白费了,考试检查出来还有不会的知识点也是好事。"这样的沟通里,父母没有说教、指责、否定等负面的情绪暗示,而是看见孩子的感受、允许孩子暂时有负面的感受,这样宽容有爱的情绪流动,很快就拉近了亲子距离,给予孩子心理能量。

(3)"二次加固"沟通法:

有的父母以前经常批评孩子,但在学习了一些育儿知识后,意识到应该鼓励孩子。于是,他们开始经常夸孩子,如"宝贝,你真棒!""我儿子真聪明!"。这种表扬其实很空洞,孩子并不知道自己好在哪里。如果父母经常这样泛泛夸奖,根本起不到激励的作用,孩子可能还会认为父母只是随便说说。

比如,孩子获得作文大赛的一等奖,父母说了一句:"宝贝,你真棒!"这句话对于青春期的孩子是无感的。但如果父母这样说:"儿子,你文章中那句古诗引用得特别妙,妈妈也喜欢'他朝若是同淋雪,此生也算共白头',这就是文采的体现。"这样,孩子就会感受到你是真心欣赏他的文章。

陈述细节之后,孩子已经感受到了父母的诚意,这个时候父母还可以进一步"加固"这种鼓励和肯定的效果。怎么加固呢?即用一句话或者一个词来总结对孩子的认可,比如例子中的"这就是文采的体现",这句话就是再次确认了孩子做得好的地方。

再比如,孩子如果每天都能自主完成作业,父母就可以用"二次加固"沟通法来沟通:

父母:"宝贝,我看你每天都能坚持打一个小时的篮球,即使天气再冷也没有放弃过,你真是太自律了。"

前半部分描述细节,后半句总结加固。通过日复一日这样的沟通，孩子会逐渐积累起对自己的正面认知和评价，有助于建立积极的自我评价系统，成为未来抵御风雨的基石。

（4）"正向焦点"沟通法：

先来看两段对话：

对话一：

孩子："妈，我这次期末考试数学考了 A 级。"

妈妈："那你英语呢？又没考好是吧？"

孩子："英语 B 吧！"

妈妈："我就知道你英语不行。"

孩子本来是希望妈妈能够认可自己在期末考试中的表现，结果妈妈只关注孩子没考好的英语。这个时候，孩子会有什么感受呢？

很多父母会下意识地关注孩子的弱项，甚至经常提醒孩子"你哪儿哪儿不行"，认为这样可以帮助孩子把精力放在弱项上，避免弱项拖后腿。比如，数学已经考了 95 分，再提高无非就是满分；但是，英语只考了 70 分，还有 30 分的提升空间。

但，真的是这样吗？

还记得前面说过的沟通的三个层级吗？沟通的目的是要提升关系，让孩子有好情绪和高能量，而不是去打击孩子。关注弱项会让孩子一次次体验到挫败感和自卑，让孩子处于一种低能量状态。就好比一个人刚开始学做饭，炒的菜可能不大好吃，如果他不断地被周围的人提醒"味道太重""摆盘不好看""火候没把控好"，他还会有尝试的兴趣吗？他可能就放弃了。

所以，要让孩子充满能量、自信和学习动力，父母要多去关注孩子的强项，并且引导孩子把强项中的通用能力"迁移"到弱项上，也就是要把关注焦点放到正向的事物上。

对话二：

孩子："妈,我这次期末考试数学和语文都考了A,但是英语考了B。"

妈妈："哦,那不错呀,两门都考了A,尤其语文还要写作文呢。"

孩子："作文主要是我引用的古诗词比较多,老师觉得有文采。"

妈妈："英语其实跟语文有类似的地方,都是语言类的学科,都需要日积月累。"

孩子："那倒是,那我平时多看点绘本积累积累。"

每个孩子都希望自己成绩好,都希望获得父母的认可。一旦父母接纳和肯定了孩子,他们就会自发地将注意力集中到"如何做到更好"上,从而产生自发的动力。

第二章

安全教育：保驾护航，让青春期的小苗安然成长

对于青春期的孩子来说，成绩、学业固然重要，但安全教育同样重要。没有身心的健康和安全，未来的梦想就成了空中楼阁。青少年虽然在生理上接近成人，但心智和社会阅历上仍然不成熟，对可能的危险缺少防备。本章从学校安全、外出安全、心理安全、身体安全等几个维度为父母提供实用的安全教育建议，帮助孩子建立正确的价值观和行为模式，提高自我保护意识，为青春期的成长保驾护航。

第一节　社会篇：让孩子练就"金钟罩"，隔绝诱惑和伤害

孩子们虽然身处校园，但仍然会跟社会产生联系。而校园有老师、同学、行政员工、来访人员等，可以视为一个微缩的社会。学会自我保护，对于孩子们现在和未来的社会生活都是至关重要的必备能力。

一、网上有害信息无孔不入，掐断网线就能防得住吗

网上有这样一则新闻，某初中生小 A 在扩充 QQ 好友列表时，添加了一名叫"月儿"的朋友。月儿将小 A 拉进了一个名为"××网红新学期福利大派送"的聊天群。群中有一条广告，说只要参与转账就能得现金返现，游戏规则是"转账 100 元返 888 元、200 元返 1 888 元、300 元返 2 888 元，以此类推"。

小 A 犹豫了一下就选择了第三种方案。在与"月儿"私聊之后，他将 300 元钱转给了对方。但随后他被告知，第一次参加活动要转账 488 元激活账号。怎奈小 A 账户余额不足，对方竟然要求他出示银行卡余额不足的截图以证明。最后，他没办法又支付了 200 元，但没有得到返现。此时，小 A 意识到自己被骗了。

在这之后，又有昵称为"客服"的号码添加小 A 为好友，并告知他"月儿是骗子"，而"客服"才是活动主办方的负责人。小 A 为了追回自己的 500 元，在"客服"的指导下重新参加了红包返现活动，又向"客服"转账 200 元。可支付成功后，也没有得到返现。这时小 A 再次意识到自己又被骗了。

此时，已经被骗走 700 元的小 A 感到焦虑不安。他第一时间上网搜索"追回被骗钱财的办法"，找到了一个声称是"网络警察"的 QQ 号并立即添加，结果对方没有通过他的请求，他只好去派出所求助。

在民警的提醒下，小 A 意识到所谓的"网络警察"帮忙追回诈骗

钱财未必是真的,有可能再次被骗。

现在的孩子一出生就被包裹在互联网的海洋中,但这并不代表他们具备了对网络骗局的甄别能力。孩子被骗,主要有以下几个原因:

1. 缺乏社会阅历

孩子年少,经历相对有限,对于骗局和骗子是缺乏辨别能力的,这并不是孩子的错。家长能够做的,是多跟孩子讨论社会热点问题,引导孩子从多个角度全面看待问题,提前把社会的真实面展现给孩子,并且跟孩子讨论遇到特殊的安全问题可以怎么处理。唠叨式的说教让青春期的孩子反感,启发式的讨论更能让孩子敞开心扉,乐于接受父母的建议。

我们来看一组对话:

父母:"宝贝,你怎么看待转账返红包游戏?"

孩子:"那肯定是骗人的,天上才不会掉馅饼呢。"

父母:"你觉得商家推出的所有活动目的是啥?"

孩子:"肯定是想赚钱呀。"

父母:"如果转账100元返现888元,商家能赚钱吗?他们为啥要搞这样的活动?"

孩子:"为了……骗钱!"

父母不可能24小时陪在孩子身边,也不可能去替孩子抵挡所有的风险,父母只有在平时加强跟孩子沟通,建立良好的互动模式,才能把自己相对成熟的社会经验给到孩子。

2. 陷入虚拟社交

孩子到了青春期,同伴关系、同伴认可变得尤其重要。有的孩子在现实生活中缺少朋友和必要的社交活动,他们就会转向网络活动和虚拟社交,比如看网络直播、网络短视频,打网络游戏等。殊不知这些活动里经常渗透着各种不良广告,引诱孩子们去尝试。

<u>长时间沉迷于网络世界会导致孩子缺乏真实世界的适应能力,虚拟网络成了孩子的心理安全岛,一旦遇到负面情绪或挫折,他们更倾向于在聊天软件和游戏里发泄。尤其是网络游戏,不仅提供了社交功能,还满足了孩子在现实生活中无法获取的价值感和成就感,进一步加剧了孩子的沉迷程度。</u>随之而来的,孩子在现实生活中出现了孤僻、学业成绩下滑等问题。

家长们该如何应对呢?首先,家长们在给孩子使用电子产品之前,要有约束机制,比如控制上网时间、限制应用下载权限;其次,家长们要丰富孩子的真实生活体验,比如安排全家活动、亲子旅行、陪孩子聊天、结交新朋友等。

3. 缺乏生活常识

父母从孩子上幼儿园开始就要有意识地引导孩子了解国家机关的设置和功能,比如公安局负责维护治安和抓捕犯罪嫌疑人,法院负责判定是否违法犯罪等。父母可以给孩子科普一些社会常识,比如:

(1)真正的公检法机关在办案时,不会通过社交软件、私人电话、网络小程序、短信、链接等非正式渠道来通知当事人。相反,他们会面对面出示相关的证件和法律文书。

(2)不要一听对方的电话或者短信声称你"犯法"了就惊慌失措。法院不会通过网络或其他非正式方式来要求你支付任何费用。

由于很多人都会把国家机关当作权威,因此,一旦对方说自己是公安、检察院、法院的,就会很容易轻信其言辞。父母要告诉孩子,遇到任何情况应拨打正规的110电话去核实、多方求证。

网络安全无小事,除了日常的沟通外,父母还可以通过每周开一次家庭会议的方式来强化孩子们安全意识。同时,把孩子和父母都认可的安全贴士贴在家里显眼的位置,以便提醒。

网络安全小贴士

"赚钱""打折""美女"等极具诱惑力的网站,坚决不点开。

网页、App、小程序上的各种"抽奖""红包"弹窗要小心。

网络交友不轻易透露个人信息。

来路不明的链接、二维码、验证码,坚决不点、不扫、不回复。

陌生人的社交账号(微信、QQ等),不要轻易加。

所有电子产品包括手机、电脑、网络电视要安装杀毒软件,防止直播和小视频中的不良内容。

二、坏人脸上又没写字，如何教孩子识别呢

17岁的胡某本应按照约定前往闺蜜家，可是在半路上碰见一位孕妇谭某主动搭讪。谭某以不舒服为理由，希望胡某能将她送回家。

当胡某刚把谭某送到家门口准备离开的时候，谭某的丈夫出现了，并邀请胡某到家中坐一会。谭某的丈夫给胡某倒了一杯酸奶。

谁知这杯酸奶是加有安眠药的酸奶。不一会儿，胡某便昏睡了过去……

青春期的孩子每天主要往返于学校和家庭之间，生活简单、社会关系单纯，这会导致孩子对危险的感知不足，给不法分子可乘之机。因此，父母平时需要引导孩子学会如何最大限度地规避风险。

1. 热情搭讪的人要小心

不法分子常常利用青春期孩子喜欢结交朋友的心态，故意以老乡、校友或者共同爱好等为切入点与孩子套近乎，伺机骗取信任。常见的搭话方式有：

"你也喜欢玩那款游戏啊，这附近有个不错的网吧，咱们去玩会儿吧。"

"你长得真好看，可以来我们公司拍广告赚钱。"然后骗取培训费。

"你这手机挺酷啊，好用不？速度快吗？我能试试吗？"一旦回应了对方，甚至只是说一句"可以"，那你的手机可能也就跟着没了。

对于主动靠近的陌生人，孩子们要明白一个道理：一定要多个心眼。

首先,要对自己有客观清醒的认识,不要因为几句赞美就失去了判断力;其次,千万不要贪小便宜,圈套往往是以"礼物"的形式包装好的。

2. 向未成年人求助的成人要提防

如果只是举手之劳的简单请求,孩子帮忙还可以理解。但如果涉及带路、送某人回家、一起办理某事等请求,孩子要坚决拒绝。

求助者完全可以求助于警察或者其他成年人,为什么偏偏要一个孩子帮忙呢?以帮忙为借口的不法分子通常有以下目的:

(1)身体侵犯:利用未成年人的脆弱性和易受影响的状态进行侵犯或骚扰。

(2)经济利益:以获取经济利益为动机,利用未成年人来进行非法活动,如贩卖毒品、走私、盗窃等。

(3)情感满足:以满足自己的情感需求为目的,与未成年人建立不恰当的关系,如恋爱关系、暴力关系、控制关系等。

总之,面对求助,孩子一定要谨慎。除此之外,也有不法分子可能控制其他孩子来求助等。

3. 金钱请求一律说"不"

陌生人跟一个未成年人提出金钱请求,这是不合理的,因为众所周知学生没有独立的经济来源。提金钱请求的常见形式有:

(1)谎称遇到紧急情况,需要路费或者购买食物。这种情况比较常见,骗取的金额通常不大。

(2)承诺"交一笔钱就能成为练习生(演艺娱乐圈对正在培养的新人的一种称呼)",能够当明星的人百中不及一,专业的艺术院校都挤满了人,为何偏偏要看重一个没有任何经验和专业能力的素人?

(3)虚假慈善机构。陌生人可能声称代表某个慈善机构,利用感人的故事或紧急情况来感动孩子并要求捐款。

(4)网络赌博或彩票。陌生人可能会以赌博或彩票为名向未成年人索要钱财,承诺高额回报或中奖机会,以吸引孩子们参与并提供资金。

(5)给娱乐主播刷礼物或给游戏充值。家长要保证自己的资金账户密码不要透露给孩子,以避免孩子被骗而造成家庭经济损失。

三、孩子结交了不良青年,怎么把他拉回来

小明,13岁,今年上初一,他的成绩在班里只能算中等偏下,属于不太被关注、坐在后排的学生。老师有时提起他,都是一些鸡毛蒜皮的纪律问题,比如,小明自习课大声讲话,或者是又忘记了带课本等。因为成绩上没有优势,小明显得有些自卑,班里也没有什么要好的朋友。但是最近一个多月,小明在居住小区的商业街玩的时候,认识了一个职业高中的男生,对方请他吃东西,还带他一起去商场的游戏厅玩游戏。他的父母看见他最近放学回家都很晚,隐约有些担心。通过向邻居们打听,小明的父母得知:跟小明要好的那个男生早就辍学了,经常跑去打游戏,还因为小事跟人打过架,抽烟、喝酒、打牌样样都会。

青春期的孩子冲动、朋友义气重,容易被"不良青年"带偏,那父母要如何引导已经跟"不良青年"有交往的青春期孩子呢?

(1)建立信任和沟通。

青春期的孩子虽然已经长大,可毕竟还是孩子。他们虽然故作

成熟,但内心依然渴望父母的关爱和认可。父母可以通过聊天或者给孩子写小纸条的方式与孩子建立良好的沟通。

与孩子聊天时,父母需要转换角色——从威严的父母转变为"值得信赖的朋友"。父母不用担心会失去地位,相反,孩子会因为父母的开明在心底更加尊重父母。父母可以借着闲聊来了解孩子的交友情况,比如:

父母:"最近在忙什么呀?周末有什么安排?"

孩子:"周末约了朋友打球。"

父母:"是你同学吧?"

孩子:"不是,你们不认识。"

如果孩子不愿意讲,父母就不要追问了,可以暗暗关注。任何时候,父母都不要急于掌控孩子而破坏跟孩子的关系,否则孩子便不再信任父母。

(2)了解原因。

父母试着去理解孩子为什么会与"不良青年"结交,是因为寻求认同感、冒险精神、好奇心,还是其他原因。通过了解他们的需求和动机,可以更好地应对问题。

父母不要用审问或者质疑的语气,而应站在关心和帮助的立场来沟通:

父母:"宝贝,你最近是不是遇到什么困难了?我能为你做点什么吗?"

孩子:"没有……就是班里一个女生老是背后说我坏话。"

父母:"遇上这样的人真挺烦的!"

孩子:"是啊,我认识的一个朋友(社会青年)说去找她聊聊。"

父母:"如果你需要,爸妈随时可以出面,或者找老师帮忙;咱们尽量不麻烦别人,欠的人情总是要还的。"

孩子:"呃……我想想吧。"

父母通过更迂回含蓄的方式指出跟这样的人可能带来的危害,可以举别人的例子,也可以借着新闻里的相关事件来提醒孩子。

(3)提供积极的替代选择。

帮助孩子培养兴趣爱好,鼓励孩子参与积极的社交活动,例如体育、音乐、志愿者工作等。

(4)教育他们认识风险。

和孩子一起讨论不良行为的后果和风险,帮助他们认识到参与这些行为可能带来的负面影响,如学业受损、人际关系破裂等。新闻里的类似热点事件是最好的工具,父母与孩子只讨论不说教。

(5)寻求专业支持。

如果您发现孩子已经深陷其中,难以自拔,或者问题变得严重,可能需要寻求专业帮助,如心理咨询师或青少年辅导员。他们可以提供更具体的建议和支持,帮助孩子走出困境。

孩子能跟"不良青年"走到一起,一定是因为他们满足了孩子某方面的需求。父母要尽力找到这个需求,此外,虽然孩子年轻且缺乏社会阅历,但并不意味着他们与"不良青年"交往就一定会变坏。

四、外出途中圈套多,六个锦囊教孩子自救

家长可以从以下几个方面来引导孩子注意外出安全:

第二章 安全教育：保驾护航，让青春期的小苗安然成长

1. 遇到"碰瓷"要报警或者请求一名路人/店主报警

有时候，孩子走在路上或者骑着车，忽然有个人就倒在地上或车前，然后就说自己被撞了，这种"碰瓷"行为有时让人防不胜防。在孩子一时间发蒙的情况下，可能不知道如何去辩解。

这个时候不要慌，更不要答应"私了"，要选择马上报警。请求报警时，最好指定某个人，而不是泛泛地说"谁帮我报个警"。被请求者出于道义和责任心，通常都会伸出援手。

2. 天降"馅饼"不要捡，选择报警来处理

媒体曾经报道过一种骗局：一个人假装掉钱，另一个人假装捡钱，然后跟你说："别声张，咱俩分。"掉钱的人转头就说自己掉钱了。为了证明不是你捡的，他们会要求检查你的钱包，并在此过程中拿走你的钱。当孩子遇到这种情况，父母要告诉孩子一定要报警处理。

3. 遭遇抢劫，保命为先

虽然未成年人不是抢劫的主要目标，但他们的手机、耳机和其他贵重物品也可能成为不法分子的目标。父母要告诉孩子，万一遇上抢劫要尽量冷静。如果对方只要手表、手机或者现金，可以先给他，不要强硬反抗。抢劫的人大多事先都有所准备，比如携带了刀具之类的工具等。等劫匪走远后，应立即报警。

如果被逼回家取钱，可以谎称家中有人，或者家门口全是监控摄像头。在跟劫匪周旋的过程中，伺机逃脱并快速跑向人多的地方呼救。

4. 被人尾随(跟踪)，巧妙摆脱

无论出于什么原因，被人尾随都会让人感到不安。当孩子察觉自己可能被尾随时，不要频繁回头看，最好装作不知道，也不要慌乱奔跑，而是继续前行，同时随机改变行进路线。比如，可以向人流较多的超市、饭店、消防队、派出所等地走去。这些地方会对坏人产生震慑力，同时向工作人员说明情况或者请求报警。

在不熟悉的地方不建议随意改变路线，又可能走进死胡同或者人更少的地带。这时可以拍打商户的大门或者向能见到的成人求助。如果是在路边，也可以先上一辆正规的出租车，然后跟司机说明情况并联系父母。摆脱尾随之后，孩子需要第一时间跟父母沟通此事，分析可能的原因和应对的方法，因为有的不法分子可能会多次尾随、伺机实施侵害。

5. 陌生人的车，坚决不上

从很多新闻事件或者影视剧里我们可以看到，陌生人的车或者非法运营的"黑车"往往是案件的高发地，一旦被骗上对方的车，或者强行拽上车，想要获救就非常困难。坏人的车里不仅有各种作案工具，甚至还有他的同伙。所以，要杜绝此类伤害，最简单有效的方法就是告诉孩子不要上对方的车，也不随意接近任何招呼你的陌生车辆。

如果有陌生车辆突然停靠在身旁，要先让开一个安全距离。不管对方说什么，立刻远离就好。

6. "害"从口入，要警惕

青春期的孩子已经具备了一定的安全防范意识，可能不会因为

单纯的"想吃"而接受陌生人的食物,但不排除因为好奇、好面子、迎合大众而接受陌生人给的食物的可能性。

家长要引导孩子"得体"地拒绝这种陌生人的"分享",直接说"谢谢"或者"不用了"。如果实在推脱不掉,孩子可以反客为主对陌生人说:"要不我请你吧。"然后找理由离开。

家长应禁止孩子进入夜总会、迪厅、酒吧这种人员比较复杂的地方,多带孩子去体育馆、科技馆、艺术馆、博物馆等积极正向的地方,接受美好事物的熏陶。

第二节 校园篇:学校里可能会发生的安全问题

人们通常把学校称为"象牙塔",认为校园是一个相对简单和安全的环境。但随着社会的发展,人们能接触到的信息日益增多,校园也慢慢变得不那么单纯。校园安全也成为父母们关注的新焦点。

一、面对同学的索要、恐吓,孩子该如何应对

小明上初中二年级,妈妈发现他最近总是心事重重的样子,一回到家就躲进自己房间,直到吃晚饭才出来,也不爱跟家人聊天了。妈妈问他:"明明,你怎么啦?是遇到什么事情了吗,还是学习压力大啊?"小明也不看妈妈,每次都说:"没事!你别问了。"

直到有一天,妈妈发现小明的脸红红的,很不正常,又问孩子:

"儿子,你到底怎么了?跟妈妈说说,爸爸妈妈是大人,办法肯定比你多。"小明这才说了实情,近半年来,他一直被学校的高年级学生索要财物。一开始,是手机壳、钥匙扣这种小物件,到后来,逼着小明给他们发红包,还威胁他不要把这件事告诉老师或者家长,否则后果更严重。

很多孩子会因为害怕而默默忍受,还有的孩子会因为"被欺负、被勒索太丢面子了"而不愿意公之于众。但是,索要和恐吓并不会因为孩子的忍气吞声而消失,只会变本加厉。

所以,家长只要发现了端倪,就要告诉孩子:"孩子,他们硬要你的东西就是勒索,这是触犯法律的。爸妈、学校老师和警察一定会保护你。如果我们现在放任不管,这些人还会去欺负别的同学。他们也会走偏路,未来走向不归路。"

被索要财物、被恐吓也就是遭到了校园霸凌,面对这种情况,父母要引导孩子:

(1)具体情况,具体应对。

索要财物的人一般分三种:一种是特别凶的,有一帮同伙,不给就采取暴力行为;一种是被什么事逼迫而不得不做;还有一种就是临时起意,可能某个东西刺激了他才导致他想要索要。

家长要告诉孩子,对于第一种人,可以先给他,保证自身安全是第一位的;对于第二种人,要尽量保持镇定,只要你够强硬就能吓跑对方;而第三种人,要见机行事,衡量一下双方的实力,如果安全受到威胁,也可以先给他东西。

(2)从第一次遭遇索要和恐吓就要反馈给父母和老师。

很多时候,并不是"给他就好了"。只要第一次索要成功,索要者就会认为孩子"好欺负""胆小怕事""人傻钱多",他们就会盯上孩子。所以,被索要之后孩子要第一时间告诉家长和老师,尽量把事情发生的时间、地点、细节都描述清楚,必要的时候要报警。

学校也会面临人际关系和冲突矛盾,父母切忌指责孩子:"你真是没用!他们怎么没去要别人的东西?"这种语言无异于对孩子进行二次伤害,也彻底打破了孩子对父母的信任和依靠。

(3)在学校要多参加集体活动。

跟同学搞好关系,争取交到朋友,尽量减少在偏僻地段单独行动。霸凌者在选择霸凌对象时,往往选择的是那些比较瘦弱、没什么朋友或者家长不在身边的孩子。

(4)不炫富、不吹嘘。

青春期的孩子喜欢表现自己,有的孩子会炫耀自己的贵重物品或者潮流名牌,这可能会让孩子成为"被勒索"的对象。父母要进行正确的引导,引导孩子通过展示运动强项、乐于助人的品行、乐观积极的生活态度来表达自我。

二、遇到拥挤、踩踏如何逃生

2023年11月,某中学发生了一起踩踏事故,该校初一、初二部分男生在期中考试间隙上厕所时,因上下楼梯发生拥挤出现踩踏现象,部分同学摔倒受伤,受伤的学生被第一时间送往医院接受检查治疗。

发生此类事件的原因可以概括为四个方面:

第一,学校是人员聚集场所,尤其是上课、下课以及集体活动期间,容易造成走廊和楼梯的拥挤。

第二,学生活泼好动、好胜心强,也容易聚在一起起哄、推搡。在特定情况下,比如遇上火灾或者地震等,学生可能因为缺少经验而惊慌失措,导致一拥而上。

第三,学校部分设施陈旧或者设计不合理,也可能导致引发安全事故。例如,楼梯过窄、扶手不稳固等问题都可能增加事故风险。

第四,学校平时的安全宣传和应急演练做得不到位。

那作为家长,可以做什么呢?可以在平时这样引导孩子:

(1)身处人群中要尽量保持冷静,不被他人的情绪感染。尽量跟人流的行进方向速度保持一致,不蹲下、不向反方向挤、不捡掉落物品。尽可能走在人群的边缘处,有地方躲避可以暂避。

(2)双手尽量放在胸前,可以保护心脏,也可以为自己保留一点点空间。如果不小心被推倒,要马上蜷缩身体,用双手护住头部和脖子,同时大声呼救以引起他人注意。

(3)随时观察情况并灵活处理。如果自己处在人群的边缘处,就想办法离开人流;如果处在人群的中间位置,在保护自己的同时保存体力,避免体力过度消耗而晕倒。

(4)平时多跟孩子一起观看和讨论社会热点安全新闻,让安全意识深入孩子内心。

三、如何避免遭遇校园霸凌

"孩子整天沉默不语,情绪起伏不定,说她一句就暴跳如雷,摔砸东西。她变得不爱学习了,感觉精神状态很差。"马先生对媒体说,他的女儿小玉因为校园霸凌性情大变,可能还会有二次伤害。

何为校园霸凌？我们较常所接受的"霸凌"的定义,是由挪威学者 Dan Olweus 在 1970 年提出的。他认为,霸凌是"一个学生长时间并重复地暴露于一个或多个学生主导的负面行为之下"。从这个定义我们可以看出,霸凌是一种长期且多次发生的事件,但一次性的攻击和羞辱也算霸凌。除了身体伤害的霸凌,还有言语攻击、社交霸凌、网络暴力等多种形式。

作为父母,都想保护自己的孩子免遭各种伤害。但现实中,因为父母外出务工、家庭疏于照顾、孩子身材矮小、孩子不善社交或是太优秀遭遇嫉妒等原因,孩子都有可能成为被霸凌的对象。

那父母要怎么做,才能最大限度地保护孩子不遭遇校园霸凌呢？父母可以从以下几个方面入手：

(1)建立良好信任的亲子关系。当孩子感受到父母的爱时,内心才会变得有力量;这种力量会使孩子自然散发出一股"不卑不亢"的气势。霸凌者敢欺负的都是他们认为"弱于自己的人"。父母是孩子最后的底气和护身符,父母的理解和认可会让孩子在面对强于自己的人时也充满勇气。

所以,建立在信任基础上的亲子关系,可以帮助孩子在受到欺负后敢于第一时间告诉父母并寻求帮助。

(2)带着孩子从小进行体育锻炼。强健的体魄和强烈的自我认可,让孩子不会因为害怕得罪人或者失去朋友而对他人唯命是从。父母应教育孩子可以随和但不能没有底线和原则,在日常跟同学相处的过程中,要明确表达自己的底线,明确拒绝让自己不舒服的言行。比如,直接告诉对方"我不喜欢你们开那样的玩笑,让我感觉不被尊重""我不想帮你打水,你自己去吧"。很多霸凌都是从一次次微小的试探开始的,所以一开始对于让自己不舒服的言行就不应该忍让。

(3)建立自己的社交支持圈。父母可以让孩子从小建立自己的社交圈。孩子终有一天会离开父母去过自己的生活,最能依靠的就是朋友。一个在班级朋友众多的孩子大概率不会成为被霸凌的对象。

对于性格内向、不善于社交的孩子,家长可以引导孩子尽量不要单独去一些偏僻的地方,比如巷子、废弃的道路、空置的房屋等。

(4)如果不幸遭遇霸凌,一定要冷静,蜷缩身体保护关键部位,根据实际情况来决定是否呼救或寻求机会逃跑求救。在获救的第一时间及时报警并保留好证据,不要因为害怕而纵容施暴者,否则可能会导致更严重的后果或其他人受害。

被霸凌不是孩子的错,父母一定要明确告诉孩子:"这不是你的错,认错的应该是霸凌者,他们会受到应有的惩罚和教训。"父母要陪伴但不要强迫孩子表达感受、说出细节,以免造成二次心理伤害;也可以寻求专业的心理机构帮助疏导被霸凌孩子的负面情绪。

四、非法渠道的"校园贷"如何规避

小军上高一,平时住校,只有周末才回家,妈妈每个星期都会提前把下个星期的生活费给他。然而有段时间,小军总是以各种理由向妈妈多要几百元钱,比如同学过生日要买礼物、校服坏了要重新买一套、想买一套新出的学习资料等。妈妈一开始并没有多想,直到月末看到手机上的转账记录,才发现小军这个月比上个月多要了近

2 000元,这引起了妈妈的怀疑。

"军军,你这个月花钱比较多啊!"妈妈问道。

"是吗?可能这个月事情比较多吧。"小军支支吾吾应和着妈妈。

"我问过学校的老师,你们这个月没要求买什么额外的资料啊。"妈妈继续追问。

"嗯……我买的……不是老师要求的。"小军回应道。

后来,在妈妈的追问下,小军编不下去了,说出了实情。原来,小军心心念念的手办出了新款,他非常想要。但是,他猜想爸爸妈妈肯定不愿意花钱给他买"玩具"。正当全沮丧发愁时,他想到了回家路上电线杆上贴的"小广告",上面写的是可以无担保的小额贷款,流程非常简单,只需要简单填写个人信息当天就可以拿到钱。小军以为借1 500元,只要每星期多向爸妈要几百元生活费就可以还上了,殊不知他已经掉进了"校园贷"的陷阱。

大众最早熟知的"校园贷",往往与"裸贷"挂钩——不法分子诱骗女学生贷款,以低利息、无担保、快到账为诱饵,诱骗学生"提前消费""超额消费",最终使学生陷入利滚利还不起贷款的困境中。

学生因为缺乏社会阅历,不了解正规的银行借贷流程,非常容易忽略"校园贷"协议中提到的服务费、违约金、咨询费以及提前还款约定等一系列内容。而逾期时放贷人又故意不提醒,结果导致学生支付额外费用,逾期还款还会产生高额滞纳金。

向未满18岁的孩子提供"校园贷"是违法行为,且一般不是正规机构发放的贷款。这些放贷人会采用各种手段催款,一旦还不上,不仅自己遭殃,自己的父母、亲友、老师都会被骚扰。他们要么群发消息,要么电话骚扰,要么泄露个人信息,更有甚者会上门堵截和威胁恐吓。

作为家长,应该如何引导孩子规避陷入"校园贷"的风险呢?

1. 健康的消费观是屏障,坚持量入为出

在家庭中,父母就是孩子的榜样,对孩子的影响是潜移默化的。父母应始终坚持不透支、量入为出的消费观念,这样孩子也会养成理性消费的习惯。家长要教会孩子分辨什么是"需要的"(必需品),什么是"想要的"(欲望),让孩子在诱惑面前保持冷静。

好东西永远都买不完,但是我们的钱是有限的。只有合理规划消费,才不会被欲望控制。如果实在有特别想买的东西,可以鼓励他们与父母商量,共同制订购买计划。

2. 骗局通常都是以"馅饼"的方式呈现的

很多借贷广告都充满诱惑性、误导性甚至欺骗性。所以,家长要引导孩子不要轻信任何网络借贷平台以及广告中提供的借贷方式。借贷也是一门生意,是生意就要考虑风险和盈利。家长要引导孩子学会换位思考,从借贷方的角度考虑问题,这样很多骗局就不攻自破了。所以,学会站在"骗子"的立场考虑问题,更容易看穿他们的诡计。

3. 不逞强,保护好个人隐私信息

借贷需要提供自己的身份信息,有时候孩子会因为讲朋友义气或是帮助朋友将自己的个人身份信息告知他人。这样的风险很大。所以,家长要教育孩子保护好个人隐私信息,不要随意将个人信息泄露给陌生人。

4. 不幸陷入"校园贷",及时向家长和老师求助

孩子可能因为害怕被父母责骂而不敢向父母求助,父母平时需要营造和谐、平等、互助的家庭氛围,这样孩子遇到任何危险才敢跟父母说。家长要让孩子知道,很多错误仅仅是因为他们太年轻、缺乏社会阅历而犯的,但这并不是他们的错。毕竟每一代人都是这么走过来的。

除此之外,父母在孩子上小学之后可以有意识地带他们了解基础的金融知识,如银行借贷、利率计算等,以提升他们的金融素养和风险防范意识。

第三节 身体篇:人身安全是成就学业的基础

青春期的孩子们身体会因为发育而发生巨大的变化。他们长高了,并且具有更加明显的性别特征,开始更多地关注异性。在这个时期,孩子可能会沾染上一些坏习惯,或者有一些不成熟的认知会伤害到他们,比如偷偷学着抽烟、喝酒、文身等。

一、孩子偷偷抽烟、喝酒,父母要揭穿吗

妈妈给小明打扫房间的时候,在床底下扫出了几个烟头,妈妈皱起了眉头,心里犯了嘀咕:家里没人抽烟,从哪里来的烟头呢?小明

才13岁,刚刚上初一,平时比较懂事听话,妈妈怎么都想不明白,她越想越着急,恨不得马上找小明问清楚。

发现孩子偷偷抽烟、喝酒、熬夜等行为,父母不要急于找孩子质问,更不要责骂,而是要先弄清楚孩子做这些事情的缘由。通常,青春期的孩子出现这些行为可能有以下几方面的原因:

(1)探索身份。青春期的孩子渴望探索新事物,寻找自己的身份认同。很多孩子偷偷尝试抽烟、喝酒,是因为他们认为这两种行为代表成熟。

(2)社交认同。同伴关系对青春期孩子来说至关重要,被同龄人认可是孩子融入群体的关键。如果他们的朋友圈中存在有人抽烟、喝酒,他们可能会为了"合群"而尝试同样的行为。这在青春期的男孩子中比较常见。

(3)压力释放。青春期是一个充满挑战和压力的阶段,学业成绩、同伴关系、与父母的冲突和矛盾,甚至暗恋失败等都会给孩子带来巨大的心理压力。有的孩子没有找到合适的排解负面情绪的方式,就会偷偷用抽烟、喝酒来逃避现实。

那父母要如何来引导孩子呢,可以参考以下几种方式:

1. 理解比指责有效

有位心理学家曾说过这样的话:"不要去改变一个人,除非你认可他。"这句话听起来有些矛盾,认可了为什么还要去改变他呢?但是人的心理真相却是:人们更愿意为那些理解和认可自己的人而改变。父母越是理解孩子、认可孩子,孩子越是愿意听取父母的意见和建议。

孩子偷偷抽烟、喝酒,这种行为是不对的。当孩子发生这种行为时,父母如果能以关心和关注的态度与他们交流,将更有利于打开孩子的心扉。不要直接问"为什么抽烟喝酒",这样听上去就是质问,而应从关心的角度询问孩子:"最近是不是压力有点大呀?有什么我可以帮你的吗?"

2. 发现孩子的心理需求

如果父母能以足够真诚的态度与孩子沟通,孩子是愿意吐露心声的。比如,孩子可能会说:"我看××抽烟,于是就想试试。"这是前面说的寻求同伴认可的心理。这种情况下,父母不要一味说教,应正确引导孩子,告知孩子吸烟、喝酒的危害。

父母应鼓励孩子通过其他健康的方式来满足心理需求,比如参加兴趣班、进行体育活动、从事志愿者工作等,以帮助他们建立健康的社交圈子。

3. 用数据和事实来提醒孩子

如果孩子已经将抽烟、喝酒变成一种经常性的行为,父母除了了解原因之外,还需要给孩子提供更全面、科学的信息。

二、孩子伤害自己,父母要如何应对

吃晚饭的时候,妈妈无意间发现女儿小玉的手腕上有割伤,于是脱口而出问孩子:"你手臂上的伤是怎么来的?"小玉神色慌张地敷衍道:"哦,不小心被圆规划到了。"妈妈看到那几道划痕那么整齐,不像是不小心划到的,觉得女儿可能撒谎了,内心瞬间不安起来。

这种伤害身体的行为在青少年中确实存在,是孩子排解负面情绪的一种方式。那孩子为什么会选择这种方式呢?

青春期的孩子本身就需要面对起伏不定的情绪,如果孩子没找到合适的表达情绪的方式,那么情绪并不会消失,而是会转化成对自己的"攻击"。这种攻击的表现形式有很多,比如负面情绪引起的身体不适、生病,或者是自我伤害。

他们通过自我伤害的方式在引起父母的关注和爱。遇到这种情况,父母要如何应对呢?

(1)不指责、多关心。

孩子会伤害自己,说明他们的内心已经很痛苦了,这个时候父母一定要冷静,不能火上浇油去责骂孩子,不要说"看到你这样我太难过了",这也是一种变相的指责,指责孩子给父母带来了心理负担,而是要用恰当的方式表达关心。

父母可以这样跟孩子说:"宝贝,你可以告诉妈妈发生了什么事情吗?妈妈看到你这样,心里也很难过。"这是表达对孩子的理解和关注。

(2)增加陪伴。

自我伤害的孩子大多是被父母忽视的孩子。父母这个时候要抽出时间,专心陪伴孩子做一些他感兴趣的事情。这个时间可以不用很长,但一定是全身心的、放下工作的、跟孩子有情绪和情感的互动的陪伴。

(3)认可孩子并感谢他为家庭的付出。

伤害自己的孩子,通常感受不到自己的归属感和价值感。这个时候,需要父母细心观察,让孩子多参与家庭事务,并及时表达对孩子的认可和感谢。比如,可以让孩子策划家庭旅游、做家里的装修规划师,或者让孩子周末负责家里的各种安排等。当孩子感受到自己被需要、被肯定时,心情自然也会变得明朗起来。

三、孩子想文身,父母如何应答

小妍现在上初二,她看到电视里很多明星都文了身,觉得特别好看、特别酷,于是跟妈妈说想在手臂上纹一串小小的英文字母。妈妈坚决不同意,于是母女俩闹得很不愉快。后来,小妍父母咨询了学校的心理老师,决定重新跟孩子沟通这件事。

爸妈:"妍妍,你怎么突然想文身啊?"

小妍:"好玩呗。文个身就能变坏吗?你们也太夸张了。"

很显然,小妍对父母还有抵触情绪。这时父母耐下心来,去了解孩子的文身动机。

爸妈:"妍妍,文身看着确实挺酷的,但是你现在还小,一旦文了就很难彻底消除。你想过文身对你将来可能会产生什么影响吗?"

小妍:"我知道很难消除,所以要选一个能代表自己、体现自己个性的图案,不会随便文。"

爸妈:"万一过几年你有了更喜欢的图案呢?"

小妍:"嗯……"

爸妈:"那可不可以先尝试一下贴纸文身呢?这样既能达到好看的效果,又能在你不喜欢时随时更换。"

小妍开始思考父母说的话,觉得也有道理。

爸妈:"还有啊,文身会刺入皮肤,有被感染传染病的风险。这些你都想过吗?"

小妍:"我会选择正规的文身店的,一定会特别注意卫生。"

爸妈:"我们也不是一定就反对你文身,而是希望你在文身前能够了解得足够清楚。比如,以后考大学、选专业会不会被文身影响等。"

小妍:"啊?!文身还影响读书啊?这也太复杂了吧。我先去找我们老师问问清楚。"

当孩子提出文身的要求时,家长不要在第一时间反对,那样会激化矛盾,而是先表达对于这件事的担忧和关注,同时给予孩子理解和支持。

同时,找到专业的文身师、学校老师等各方资源进行咨询,等了解清楚了再做决定。这样的决定大概率才是安全的、全面的。

四、小小年纪就近视了,五种快速遏制度数增长的方法

2020年,根据教育部对九省份14 532人的调研数据显示,与2019年年底相比,2020年上半年学生近视率增加了11.7%,其中小学生近视率增加了15.2%,初中生近视率增加了8.2%,高中生近视率增加了3.8%。2020年8月29日,人民网舆情数据中心与中南大学爱尔眼科学院联合发布了《2020中国青少年近视防控大数据报告》(下称《报告》)。《报告》数据显示:在用眼时长方面,青少年平均每天用眼时长在四小时以上,超过推荐值(<2小时)的两倍有余。2020年1~7月,青少年平均每日户外有效暴露时长严重不足,尚未达到推荐值的1/3,使得孩子们近视发生发展的危险极大增加。

眼睛是心灵的窗户,是陪伴我们一生的重要器官。虽然大部分近视的人戴上眼镜后能看得清,但视力受损却是不可逆的。即使进行激光近视手术,也会对角膜造成损伤,而且还有感染和复发的风险。如果孩子近视了,父母可以从以下几个方面入手来遏制度数的增长,尽量避免发展为高度近视。

1. 控制用眼时间

父母要陪伴孩子养成健康的用眼习惯,如写作业每 30 分钟要休息一下眼睛,可以去阳台上眺望远方或选定远处的一个目标盯着看,以放松眼部肌肉。同时,严格控制"屏幕时间",因为电子屏幕散发的蓝光、频闪都会损伤孩子的视力。

如果是用于学习的电子设备,尽量挑选有护眼功能且屏幕较大的。观看时,尽量保持较远的距离。或者,也可以把线上课程投屏到更大的电视屏幕上观看。

2. 改善光源

家长可以为孩子购买专门用于写作业和阅读的全光谱台灯,这种台灯对视力较好。除了台灯之外,有条件的家庭还可以改善全屋的光源。

除此之外,每天不少于两小时的户外活动,这对保护孩子的视力尤为重要。适度的太阳光对孩子的眼睛发育有益。如果孩子在室内待的时长太长,室内的空间距离始终是有限的,孩子就长期处于一个"看近物"的状态,容易导致眼睛疲劳。室外空间更大,有利于放松孩子的眼部肌肉和神经。

3. 纠正坐姿

许多近视的孩子坐姿不正确，喜欢趴在桌子上写作业或者是躺着看书。这会导致眼部肌肉长期处于紧张状态，或者眼睛需要不断调节来适应忽远忽近的书本距离。家长可以给孩子购买"防近视架"装在书桌上，可以有效防止孩子离书本太近。同时，专门的阅读灯也能通过闪烁来提示孩子保持适当的距离。

长期的坐姿不良，不仅会导致眼睛近视，还可能诱发脊柱侧弯、骨骼发育异常等问题。因此，家长尽量在孩子上小学时就配备专业的儿童桌椅、阅读架、防近视架等学习设备。

4. 合理搭配营养

眼睛的健康发育需要全面的营养供给。青春期的孩子更需要摄入全面的营养来支持身心的快速发展。多摄入含有叶黄素、多种维生素、矿物质的食物有益于眼睛的健康。如果孩子已经近视了，可以使用一些正规厂家的护眼贴、眼药水来日常护理。

5. 合理佩戴矫正镜

青少年正处于快速发育期，眼睛也和身体其他部位一样在快速成长。这个时期要控制近视度数的增长，就要控制"眼轴"的增长。目前医学界被国家认可的有效控制近视度数的手段包括OK镜矫正、离焦镜控制、红光照射、药物缓解等。

家长要尽早带孩子去专业的眼科医院咨询视光学的专业人士，以获取防近视的建议和方法。我们每天通过视觉吸收进入大脑的信息占80%,所以眼睛对于人的重要性不言而喻。家长要定期带孩子进行视力检测,早发现、早预防、早治疗。

第四节 心理篇:心理健康的孩子才能走得远、走得稳

青春期的孩子因为学业压力、身体发育、缺乏正确引导等原因容易出现心理健康问题。他们可能会时常感觉迷茫、空虚、无聊;也可能因为懵懂的感情而焦虑、伤心;还可能因为与父母关系紧张而不知所措。

一、孩子网络游戏成瘾,看清心理动力才能回归正规

2023年9月16日,中国社会科学院新闻与传播研究所及社会科学文献出版社共同发布了《青少年蓝皮书:中国未成年人互联网运用报告(2023)》。据中国互联网信息中心发布的《中国互联网络发展状况统计报告》显示,截至2023年6月,我国网民规模达10.79亿人,其中青少年网民数量近两亿。在蓝皮书的调查中,受调查的未成年人在近半年内有过上网行为,说明未成年人互联网普及率也在增加。在百度上搜索"青少年网络成瘾",共有近2 000万条记录。研究表明,网瘾青少年在社会适应、人际关系、学业应对等方面都存在突出的问题。

那到底是什么导致青少年网络成瘾、游戏上瘾呢?下面的几则

故事将给家长们一些思路和启发。

1. 依恋断裂的痛苦

小望三岁的时候父母就离婚了。妈妈离开家就没再回来过,爸爸再婚后留在了外地打工,小望于是在二伯父家长大。寄人篱下的孩子尤其敏感,他从小就谨小慎微,总是感觉自己在那个家里特别多余。

自从接触网络游戏后,小望仿佛来到了一个全新的世界。在游戏中,他变成了一个全身铠甲的勇士,把现实中那些被指责、被否定、被抛弃的痛苦感觉通通消灭掉。这种酣畅淋漓的感觉让他体验到了快乐和自由,他甚至希望自己能一直活在虚拟的世界里。

当养育者(主要是父母)情感上缺席时,孩子没有得到足够多的爱、关注和情感回应,会产生很严重的被抛弃感。孩子的内心会变得空洞、孤立无援和脆弱,难以言说又难以忍受。为了回避这样的痛苦,孩子会下意识地抓取某些东西来弥补伤痛,比如酒精、网络、食物等。

如果孩子沉迷游戏和网络是因为父母给予的关注和爱太少,那么首先要做的就是重建亲子关系。父母应坦诚地向孩子道歉,并且拿出实际行动多陪伴孩子。青春期孩子需要的陪伴更多是朋友式的。父母可以尝试了解孩子的喜好,跟他一起做他喜欢的事,聊聊孩子感兴趣的话题,慢慢去温暖孩子的内心。

只要父母有了要跟孩子修复关系的决心,即使行动有些笨拙也没关系。孩子依然可以感受到父母的用心,这样真挚的爱才能一点点填满孩子内心的空洞。

2. 人生意义的空虚

"有一次,妈妈收了我的手机,我觉得时间过得特别慢,心里特别空,百无聊赖,无所事事,度日如年。"小凯说道。

小凯的父母对儿子唯一的要求就是"好好学习",其他的什么都不用管,家务也从来不用他做。至于为什么要学习,将来要做什么,小凯完全不知道。父母那些"考上好大学、找个好工作"的大道理对他来说是遥远而模糊的,无法在他心中生根发芽。换句话说,这样的孩子不知道自己的价值和人生的意义是什么,他们像没有根的浮萍,心是漂泊的。

面对这种情况,父母要及时做出调整。首先,要让孩子参与到家庭事务中来。这不是浪费时间,而是孩子获取被需要、被认可的最直接的途径——这表明孩子是家庭成员且有能力为家庭服务。

其次,可以跟孩子交流人生目标和理想。如果孩子对此不清晰,那么可以通过专业机构给孩子做"优势测评"和"学业规划",根据孩子本身的天赋优势和特点来规划他未来的学业和事业。如果孩子不喜欢这种方式,父母要尊重他的意见,不能强加自己的价值观去替孩子决定什么是好的。

此外,还可以鼓励孩子多参加校内校外的各种活动。通过接触优秀的人和团体,孩子会慢慢找到自己的兴趣和位置。读书、考大学只是获取人生幸福的方式之一,并不是生活的终极意义。

3. 重压之下的解脱

涛涛说:"其实我从初中开始就意识到,我每天过得很不快乐。

那个时候,我生命里有一样东西支撑着我度过了最难熬的时期——游戏。那些年如果没有游戏,我可能真的会疯掉。"

涛涛所处的环境让他感觉非常压抑,每天都是繁重的学业,永远上不完的课、做不完的作业、考不完的试。而涛涛的父母并不关心儿子的感受和心情,只重视他的学业成绩。如果成绩不好,打骂便成了家常便饭。

涛涛的父母因为自己的生存焦虑把紧张和压力传递给了孩子。他们每天讲着不好好学习将来会有多惨的话,这其实是把自己的恐惧强行塞给了孩子。孩子内心背负着沉重的压力,情绪上总是压抑和害怕,他还怎么能好好学习呢?这好比要求一个成年人每天工作16个小时就可以成功一样,这样的成功有什么意义呢?人完全变成了工作机器。

父母首先要去关注自己的内心,看见自己的恐惧和脆弱并承认它、面对它。"硬逼"孩子是不可能培养出人才的。能够成为出色的人的最底层的原因是心底对某个领域的热爱,而非压力。

父母放松了,家庭氛围才会松弛,孩子的状态才会是自由灵动的。父母不要成为拿着鞭子在孩子身后驱赶他的人,而要给孩子拥抱和鼓励的目光,看着他远行。

二、孩子情绪阴晴不定,"情绪 ABC 理论"帮他保持稳定

恩熙现在上初三了,学业压力比较大。她的情绪就像坐过山车一般忽高忽低,找不到缘由。前一秒她还信心满满,下一秒就感到很低落,觉得一切都变得迷茫和灰暗。

第二章 安全教育：保驾护航，让青春期的小苗安然成长

恩熙："妈,我这次年级测试排第 13 名哦。"

妈妈："那挺好的呀,我觉得你考市里的重点中学应该没问题。"

恩熙："嗯嗯,应该可以。"

妈妈："那咱们今天做条红烧鱼庆祝一下吧。"

恩熙："算了,也没啥可高兴的,又不是中考,我去写作业了。"

妈妈不明白孩子怎么突然就不高兴了。

青春期是孩子身体发育的关键时期,荷尔蒙的波动和情绪的变化会导致情绪的不稳定。此外,青春期的孩子处于自我探索阶段,对自身的认知还不够稳定,也会影响他们的情绪表现。

除此之外,学业压力、人际关系、未来规划等因素也会引发情绪波动和起伏。由于青春期孩子的大脑发育尚未完全成熟,尤其是控制情绪的区域,这导致他们的情绪调节能力较弱。因此,他们更容易受到外界刺激和内在想法的影响,表现出情绪不稳定的状态。

面对这种情况,父母要如何引导孩子合理看待情绪和适度稳定情绪呢？心理学家埃利斯提出了著名的情绪 ABC 理论,这个理论是认知行为疗法中的核心理论之一。该理论认为,人们的情绪反应并不是由外界刺激直接引起的,而是由人们对外界刺激的认知、解释和评估引起的。也就是说,不是事情本身引发了某种情绪,而是人们对这件事情的解读引发了特定的情绪。其中,A 代表事件或刺激(activating event);B 代表人们对事件或刺激的信念和想法(belief);C 代表由此产生的情绪反应(consequence)。

比如,有人看到了"半杯水",半杯水是事件(A),是可以用相机记录下来的客观事实;B 代表人的看法和认知,每个人的看法都不一样,有的人会认为"真好呀,还有半杯水",那么这种看法会引

发积极的情绪体验,比如开心、愉悦;有的人会认为"唉,只剩半杯水了",那么这种看法可能会引发消极的情绪体验,比如悲伤、遗憾、恐惧。

情绪是一种心理机制,每一种情绪都有它的积极意义。就好比,一个人不可能 24 小时都处于高度亢奋状态,这样身心是受不了的,所以太亢奋就需要抑制一下。

稳定情绪的前提是正确看待情绪:每一种情绪都是允许存在的,它们帮助我们看清心底的需求和状态,是认识自己的信号。情绪是可以自由流动的,当我们去体验情绪而不逃避时,情绪自然会消解。

父母可以用情绪 ABC 理论来引导孩子在遇到一件事情时看到事情的积极面,让孩子保持一种平和、喜悦的心态。比如,孩子在一次摸底考试中没考好,父母可以引导孩子看到这件事的积极面——让孩子看到还有一些没掌握的知识点。考试的目的不是为了分数,就是为了发现问题;发现的问题越多,收获也就越多。同样地,学习的目的也不是为了分数,而是为了真正获得知识和能力。

父母在价值观层面的引导,能让孩子拥有遇事不慌、遇事不怕、处变不惊的心态。

三、孩子厌学,家长如何应对

小红是一名初三学生,这段时间心情有些低落。回到家后,她不跟家人说话,而是躲在自己房间里。妈妈见她总是闷闷不乐,就试探性地问道:"红红,最近是不是太累了?"听妈妈这么一问,小红顺势就说:"妈,我想休息两天。"

妈妈觉得孩子学业压力很大,休息两天也好,于是就跟班主任请了两天假。但是两天之后,小红还是不太想去上学,提出想出去玩几天散散心。妈妈觉得不太对劲,于是跟班主任联系,但并未发现任何特别的事情。

小红的这种表现为逃避学习,或者被称为厌学,是指学生从主观上对学习活动丧失兴趣,表现为厌倦、冷漠、回避。厌学只是一个现象或者信号,家长们只要深挖一下这个信号传递的信息,就能找到应对的方法。厌学可以分成以下几种情况:

(1) 与学习本身相关的厌学。比如,听不懂、学不会、做题慢、不能专注、做题总是粗心等。面对这种情况,家长可以跟学校老师配合,帮助孩子建立正确的学习动机、培养良好的学习习惯、掌握有效的学习方法。

到了初中、高中,随着知识点越来越难、越来越多,科学的学习方法就显得尤为重要。家长可以陪孩子了解"费曼学习法""艾宾浩斯记忆法""番茄钟学习法"等提高学习效率的方法。孩子在学习上取得进步,才有信心继续学习。

(2) 与学习有一定关联的厌学。比如不喜欢任课老师、不喜欢某些科目、重要的考试受挫、学习压力过大等。这些问题虽然都与学习内容没有直接关联,但都是发生在学习过程中的事,对这些事产生的厌恶感就会影响学习本身。父母需要多关注孩子的状态,如果发现孩子有异常或者持续的情绪低迷,就需要及时沟通。

(3) 与学习无关的厌学。比如,因为早恋而厌学、因为父母关系不和而无心上学、因找不到学习的意义而厌学、因跟同学有矛盾而厌学。这些成长中的烦恼被叠加在了学习上,学习的心思被挤压得没有了。针对这些问题,父母需要未雨绸缪,在孩子上小学时就引导他们多去交朋友,从而建立一个情感支持系统。这个系统具体为:引导自己的人——能给孩子精神力量或者是指导的人;跟自己同辈的人——可以理解自己的同学、朋友;需要自己支持的人——为他人提供帮助可以提升孩子的价值感和成就感,比如帮助比自己年少的人或者弱小的小动物等。

所以类型的厌学都有其原因,"对症下药"可以缓解或消除厌学情绪。厌学只是阶段性的情绪体验,我们需要客观地看待它。

四、孩子焦虑抑郁了,"五联疗法"帮他回归正轨

小泽自从上初中后话变得少了,每天一放学回家就躲进自己房间,也不怎么跟家人沟通。爸爸妈妈虽然感觉到孩子变了,但觉得可能青春期的孩子都是这样,直到有一天班主任打来电话:"小泽妈妈,孩子在学校出事了,您过来一趟。"

妈妈吓了一跳,急匆匆地赶去学校:原来小泽这个学期情绪一直低落,今天一个人独自倚着教学楼的围栏往楼下看,在老师的询问下,小泽说出:"我想跳下去!"老师察觉到事情的严重性立马通知了小泽的妈妈。小泽妈妈赶紧带小泽去了医院,经过一系列检查后,结果显示小泽"重度抑郁"。

《2019中国抑郁症领域蓝皮书》中提出,"低龄患者通过搜索引擎等渠道对抑郁症的了解意愿正在高速增加,存在患者低龄化的趋势和隐患"。百度2019年"抑郁症"关键词搜索用户中,19岁及以下的用户占总搜索比例的30%。

如果父母发现孩子有异常要尽快就医。外界对抑郁症有误解,以为只是单纯的心情不好或者是犯矫情,但它确确实实就是一种"病",患者的生理和心理都会发生变化,并不能通过简单的劝解就可以让症状消失。下面就来简单介绍一下目前治疗抑郁症的"五联疗法",仅供参考。

(1)药物治疗。一般针对中度到重度的抑郁症患者,医生会开一些抗抑郁的药物,来调节患者的神经递质水平,缓解抑郁症状。当然,药物治疗需要在医生的指导下进行,确保安全有效。

(2)心理治疗。心理治疗是针对抑郁症患者的情绪和思维问题进行的治疗。通过认知行为疗法、心理动力疗法等方法,帮助患者调整负面思维,改变不良行为习惯,提高应对压力的能力。治疗的方式主要是通过咨询、催眠、沙盘游戏、OH卡牌游戏等形式来实施。通过与心理专家的交流互动来帮助患者了解和处理情绪问题。

(3)物理治疗。物理治疗主要是通过物理疗法来改善患者的生理功能和睡眠质量。例如,光疗、电疗等可以帮助患者调整生物钟,缓解失眠等问题。这些治疗都需要在有正规医疗资质的医院或者机构进行。

(4)社交治疗。社交治疗强调的是患者在社会交往中的支持和互助。通过参加支持小组、社交活动等方式,患者可以获得情感支持和交流机会,减轻孤独感,提高生活质量。一般情况下,在心理或者精神专科医院有互助小组和团体治疗小组,患者加入这些小组可以获得更多的情感支持和陪伴,患者可以根据实际情况决定是否要参加。

（5）自我管理。自我管理是指孩子自己主动采取一些措施来改善抑郁症状。例如，保持规律的作息时间、均衡的饮食、适度的运动和寻找一些能够让他放松和愉悦的活动。比如，深呼吸、放松训练和冥想。此外，体育运动对于任何情绪困扰都有一定程度的缓解作用，家长可以鼓励孩子到户外，做一些力所能及的运动。哪怕仅仅是散步、晒太阳都对孩子有帮助。

第三章

人际交往：让孩子在生活中如鱼得水的重点技能

青春期的孩子在与他人交往的过程中，由于缺乏社会阅历和正确引导，可能会遇到很大的挑战。比如，可能会受到同伴的压力，对于与陌生人或新环境的交往感到紧张或不安，缺乏亲密的友谊关系。有的青春期孩子还可能会开始探索亲密关系……

第一节 恋爱篇：处理跟异性的关系也是需要练习的

一、孩子跟异性同学关系很近，父母该鼓励还是制止

有一天，一位妈妈来到我的咨询室，她告诉我她的正在女儿读初中二年级。最近一个多月，她发现女儿经常对着手机傻笑，有时候晚上十一点多还没睡觉，而是趴在被窝里跟人聊微信。她跟女儿沟通了几次，但女儿总是支支吾吾不说，或者干脆躲着她。她担心女儿陷入了早恋，但又不敢轻举妄动，于是来向我求助。

当大多数父母在觉察到青春期的孩子跟异性的关系比较近时，他们都很担忧，脑子里会不自觉地蹦出一个念头：孩子是不是"早恋"了。那到底什么是早恋呢？其实，并没有一个科学的或者统一的定义。通常，父母认为不合适的、有可能带来负面影响的未成年人间的情感关系都被称为早恋。由此可见，是否早恋的判断带有很强的主观性、随机性，容易产生误会，更容易导致亲子关系紧张。

孩子到了青春期，会对异性产生好奇心和好感，这种现象很正常，这也说明孩子正在成长，开始对异性有朦胧的喜欢和交往的欲望。回想我们处于这个时期时，是否也曾有过类似的感受呢？

对于正常的异性朋友，家长要尊重和支持。尊重孩子的朋友也是间接尊重孩子自己。青春期的孩子正从青少年向成人过渡，他们有更强的自我意识和被尊重的需求。当我们尊重孩子的异性朋友、不干涉他们的正常交往，我们更容易赢得孩子的信任。

有的父母会担心，万一他们一开始只是同学或者好朋友，后面却背着父母更进一步怎么办呢？这种可能性当然是存在的。但是父母们需要思考一下，孩子为什么会想要更近一步？可能是出于好奇或对爱情的憧憬。这个时候就需要父母的正确引导了。最好是妈妈引导女儿，爸爸引导儿子。家长可以这样说："不管是友情还是爱情都是美好的情感，有人喜欢你或者你有喜欢的人，都是一件很幸运的事情。但真正的爱是一种成全和成就。如果你真的喜欢对方，就要帮助他成为更好的人、实现他的梦想。而在中学阶段，最重要的是好好学习、彼此鼓励、将来考取理想的大学。"

父母需要把孩子朦胧的感情升华，并引导至更积极正向的方向。除此之外，父母还需要在日常生活中跟自己的伴侣相互扶持、彼此鼓励。言传身教比只讲道理更有说服力。

还有,父母需要在孩子上小学时,就开始通过绘本、故事等方式对孩子进行性教育、性别教育和生命教育等。青春期的孩子如果没从正规渠道获得性教育知识,就有可能从不良渠道获取错误的性知识,从而误导他们。

父母如果能对孩子进行的正确的引导,并帮助他们建立对异性的正确认识,那么孩子在追求幸福的路上将会走得更稳健。

二、孩子真的"早恋"了,父母该怎么办

一位上高中的女生小红,她的父母都在外地工作,每年春节才会回来看她和弟弟。最近,小红的班主任发现她经常很晚才回宿舍,并且有同学反映曾看见某日下午课后有社会男青年在校门口等小红,两人行为异常。班主任担心小红早恋或被骗,于是来找我寻求解决办法。

如果青春期的孩子与异性有更亲密的接触,比如频繁地单独见面、互赠礼物或有超出友谊的身体接触,这可能意味着早恋的发生。孩子"早恋"的原因各不相同,家长要针对不同的原因采取不同的行动,具体如下:

1. 成长过程的生理需要

随着年龄的增长,孩子们的生理和心理也在发生着变化。父母可以引导孩子转移注意力,树立远大的目标。比如,在寒暑假带孩子去参观和深度了解某个专业领域的优质大学,让孩子把精力放在规划未来和实现梦想上,或者带孩子拜访某个专业领域的专家、人物,

这样会激发孩子的奋斗动力。

2. 原生家庭中关爱不够

孩子在青春期本身容易叛逆,再加上缺少与父母的有效沟通,特别是父母不在身边的孩子,得不到父母的关爱和理解,他们很容易被同龄异性的温暖和关心所打动,从而陷入早恋。

父母、老师或者孩子身边的其他成年人应关注孩子的情绪和喜好,而不是只盯着成绩,把孩子当成实现某个目标的工具。父母要学会跟孩子闲聊,即询问孩子班里发生的新鲜事等。被关爱的孩子自然很上进,不需要父母再去盯成绩。

如果父母不在孩子身边,可以通过电话、微信等方式跟孩子闲聊。孩子生日时,父母要给孩子送上一份礼物。爱的表达方式有很多种,只要父母心里爱孩子就能找到合适的方式。

3. 报复的逆反心理

很多父母对孩子的交友极为在意,甚至粗暴地干涉孩子交友的权利。这种高压的控制反而增加了孩子的逆反心理。还有的父母用讽刺的语言去伤害孩子,总说"就你那样,谁能看上你"。为了反击父母的话,孩子就会义无反顾地想要证明自己的价值。如果父母做得不对,应该当面给孩子道歉,真心承认自己过去不当的言行伤害了孩子,请求孩子的原谅。父母可以这样说:"孩子,妈妈之前做了×××(陈述事实),我是担心××××(表达自己真实的感受),可能伤害了你,妈妈真诚地向你道歉,对不起。我们以后可以×××(就具体的事情提出建议)。"

比如,"孩子,妈妈之前没经过你的允许就看了你的日记。我是担心你遇到什么困难不跟我们说,但这样做没有尊重你的隐私。妈妈真诚地向你道歉,'对不起'。我们以后可以在家庭会议上把每个人的困难说出来,大家一起想办法解决,你看这样可以吗?"如果父母没法当面开口道歉,可以考虑给孩子写一封道歉信。

4. 网络与不良作品的影响

现在是互联网时代,中学生接触网络的信息相当庞大。网络中总有些具有刺激性的图片或视频,这让处于青春期的他们难免会躁动不安。

父母一方面不要过早给孩子买手机,建议在孩子上高中之前都不要给他买;另一方面应该鼓励孩子在现实生活中建立真正的人际社交。

父母在孩子小的时候,避免让孩子过多接触网络或者没有营养的书籍,要给孩子购买优质的文学作品和学习资料,帮助他们养成阅读的习惯。

5. 互相炫耀的攀比心理

时代变了,中学生的价值观也在变。有的孩子会用恋爱来做攀比,而一个拥有足够价值感的孩子内心自信,是不需要跟人攀比的。

6. 学习压力过大的宣泄出口

在升学压力面前,一部分孩子无法实现自己预期的理想和目标,就容易丧失学习动力。他们经常处于纠结状态,承受着巨大的心理压力,但这些压力又无处释放和宣泄。这时,他们就会在学校找一个异性同学相伴来缓解压力,释放内心的忧虑。

父母不要总盯着成绩,这样会给孩子太大的压力。相反,父母应该多关心孩子的感受和生活。只盯成绩的父母其实是自己内心太焦虑了,换言之也可以说是不信任孩子的表现,总怕自己不盯紧一点,孩子就会懈怠。

不要因为孩子学业很繁重,父母就让孩子放弃体育锻炼。运动是减压最好的方式之一。如果孩子一直有喜欢的体育项目,那在中学阶段应继续坚持;如果没有,那晚饭后去散散步、周末去做自己感兴趣的事也是很好的解压方式。

父母应合理设定孩子的学业目标,通过平时考试和老师的评估,选择适合孩子能力范围的升学学校。

鼓励孩子多跟朋友们交流也是很重要的。同龄人和同学更了解孩子的状况和心理特点,跟朋友交流可以缓解压力和孤独感、及时疏导孩子负面的情绪。

作为家长要认识到,只要孩子与异性或同性朋友之间的感情是健康、正常的,不会对孩子的身心健康造成伤害,那么就不必过于担心和干涉他们的交往。相反,家长应该给孩子足够的信任和空间,让他们学会正确处理感情关系、建立健康的人际关系并成为独立自信的人。

三、同性依恋和同性恋一样吗

有一个爸爸很急切地来寻求我的帮助,他无意间发现了上高一的儿子写给同桌男同学的小纸条,上面明晃晃地写着:"我喜欢你。"

这位父亲很无奈地问我:"我的儿子怎么会是同性恋?"

一位中学女生的妈妈跟我说:"我的女儿开玩笑说以后长大了要跟闺蜜结婚,她俩还买了一对一模一样的戒指。我现在觉得她只要能找个男生谈恋爱我都能接受,但我还是接受不了同性恋。"

很多父母都把青春期的同性依恋误解成了"同性恋"。那什么是同性依恋呢?我们先来科普一下青少年对待异性态度的四个不同阶段。

(1)异性疏远阶段——对两性间的接触持疏远和回避的态度,如因学习或工作而需要接触时,双方会感到拘谨和难为情。

(2)向往年长异性阶段——同时存在疏远异性和爱恋年长异性的心理,后者会使他们对成年或老年异性产生依恋之情,比如,对老师、明星或周围年长者。

(3)异性亲近阶段——对异性怀有好感,甚至欣赏,愿意跟异性彼此接近,倾向于在异性面前表现自己,精神兴奋程度高,往往对异性带有幻想色彩。

(4)两性恋爱阶段——经历了之前的异性交往,择偶的价值观逐渐成熟,进入选择自己配偶的阶段。

在这四个阶段里,许多青少年在(1)(2)阶段可能会出现另一种倾向——同性依恋,这是许多青少年性成熟过程中常见的一种阶段性现象。

青春期孩子们的同性依恋,是他们急切地想要找到可促膝长谈、敞开心扉的那个知心人。同时,他们又处于对异性排斥的阶段,还无法做到大大方方地与异性交往。所以,大部分青少年依恋的是同性。女孩子喜欢依恋、爱慕比自己大一点点,日常中爱护、理解、比自己略成熟的"姐姐";男孩子喜欢亲近、崇拜比自己有个性、强大的"哥哥"。

同性依恋≠同性恋。同性依恋与同性恋是两个不同的概念。同性恋是性取向的一种,是指在正常生活下对同性持续表现出性爱倾向(包括思想、情感及性爱行为),对异性则无。在青春期,真、假同性恋是不易确定的。因为从人的成长过程来看,此阶段孩子无论是道德观、价值观还是生活方式都是尚未确定的。

那面对自己的孩子跟同性别的同学或者朋友走得很近,父母们可以怎么做呢?

首先,父母需要通过轻松愉悦的聊天方式引导孩子正确的婚恋观。

其次,父母如果真的担心,可以带着孩子去正规医院的心理精神科求助于医生或者心理咨询师。

最后,大部分的同性依恋都是阶段性的,是同性孩子之间的深厚友谊。父母并不需要刻意去做什么。青春期的孩子貌似长大了,但在心理上仍渴望父母的爱。父母可以通过多支持、多给予、少唠叨的方式给孩子支持。

四、孩子失恋了走极端,父母该怎么办

有的孩子偷偷摸摸背着父母谈恋爱,但是孩子毕竟是孩子,他们还不具备成熟地处理感情问题的认知和能力,一旦失恋会面临极大的情感创伤。很多孩子会一蹶不振,没心思学习,成绩直线下滑。父母既着急又不知所措。这个时候,父母可以参考伟大的苏姓哲学家

和失恋者的对话,不妨试着跟孩子这样去沟通,也许会有意想不到的效果:

苏:"孩子,你为什么这么悲伤?"

失:"我失恋了。"

苏:"哦,这很正常。如果失恋了没有悲伤,恋爱大概也就没有什么味道了。可是,孩子,我怎么发现你对失恋的投入甚至比对恋爱的投入还要倾心呢?"

失:"到手的葡萄给丢了,这份遗憾、这份失落,您非局中人,怎么知道其中的酸楚。"

苏:"丢了就丢了,何不继续向前走去,更好的葡萄还有很多。"

失:"我要等到海枯石烂,直到她回心转意向我走来。"

苏:"但这一天也许永远不会到来。"

失:"那我就用自杀来表示我的诚心。"

苏:"如果这样,你不但失去了你的恋人,同时还失去了你自己,你会蒙受双倍的损失。"

失:"踢上她一脚如何?我得不到的别人也别想得到。"

苏:"可这只能使你离她更远,而你本来是想与她更接近的。"

失:"您说我该怎么办?"

苏:"真的很爱?那你当然希望你所爱的人幸福。"

失:"那是当然。"

苏:"如果她认为离开你是一种幸福呢?"

失:"不会的,她曾经跟我说过,只有跟我在一起的时候她才会感到幸福。"

苏:"那是曾经、是过去,可她现在并不这么认为。"

失:"这就是说他一直在骗我?"

苏:"不,她一直对你很忠诚。当她爱你的时候,她和你在一起,现在她不爱你,她就离去了,世界上再没有比这更大的忠诚。如果她不再爱你,却还装得对你很有情意,那才是真正的欺骗呢。"

失:"可我为她所投入的感情不是白白浪费了吗?谁来补偿我?"

苏:"不,你的感情从来没有浪费。因为在你付出感情的同时,她也对你付出了感情,在你给她快乐的时候,她也给了你快乐。"

失:"可是,她现在不爱我了,我却还苦苦地爱着她,这多不公平啊!"

苏:"的确不公平,我是说你对所爱的那个人不公平。本来,爱她是你的权利,但爱不爱你则是她的权利,而你却想在自己行使权利的时候剥夺别人行使权利。这是何等的不公平!"

失:"可是您看得明白,现在痛苦的是我而不是她,是我在为她痛苦!"

苏:"为她而痛苦?她的日子可能过得很好,不如说是你为自己而痛苦吧。明明是为自己,却还打着为别人的旗号。"

失:"依您的说法,这一切倒成了我的错?"

苏:"是的,从一开始你就犯了错。如果你能给她带来幸福,她是不会从你的生活中离开的,要知道,没有人会逃避幸福。"

失:"可连和好的机会都不给我,你说可恶不可恶?"

苏:"当然可恶。好在你现在已经摆脱了这个可恶的人,你应该感到高兴,孩子。"

失:"高兴?怎么可能呢,不管怎么说,我是被人给抛弃了。"

苏:"被抛弃的并不一定就是不好的。"

失:"此话怎讲?"

苏:"有一次,我在商店看中一套高贵的西服,爱不释手,营业员问我要不要。你猜我怎么说,我说质地太差了,不要!其实,我口袋里没有钱,年轻人,也许你就是被遗弃的西服。"

失:"您真会安慰人,可你还是不能把我从失恋的痛苦中引出。"

苏:"时间会抚平你心灵的创伤。"

失:"但愿我也有这一天,可是我的第一步该从哪里做起呢?"

苏:"去感谢那个抛弃你的人,为她祝福。"

失:"为什么?"

苏:"因为她给了你忠诚,给了你寻找幸福的新的机会。"

家长碰到孩子"失恋了"千万别去责备"让你好好学习,一个中学生谈什么恋爱?现在被人甩了吧,活该"这种话一说出口就是对孩子的双重打击,他同时会感觉到自己被父母抛弃了。

可怕的不是早恋本身,而是孩子不懂得正确处理跟异性的关系、不知道交往的尺度、不懂得如何保护双方,而这些都是父母要去引导孩子的。

第二节 交友篇:朋友,是青春期孩子最重要的成长环境

青春期的孩子已经逐步建立了家庭之外的社交圈,他们更愿意跟同学、朋友、同龄人待在一起。在交友的过程中,他们既敏感又热切。友谊对他们来说,意味着支持与依靠、归属感和认同感,也是自

我发现和身份探索的途径。不被朋友接纳和理解,对他们来说是很痛苦的体验;不慎交了坏朋友,也可能带来严重的后果。

一、孩子想去见网友,父母阻止不了要偷偷跟着吗

因为去见网友而遭遇不测的新闻屡见不鲜,就连成年人都无法轻易辨别对方的各种信息是否真实,对方的意图是否善良,何况是十几岁的孩子呢?如果孩子提出要去见网友,或者父母发现孩子有见网友的打算,一定要心平气和地跟孩子好好沟通,了解整件事情的来龙去脉;切忌责骂孩子,那可能导致孩子不再信任父母,有什么事情都不告知父母,那样就更危险了。

让我们来看一个案例。

小芳:"妈妈,这个周末我想去见我的笔友。"

妈妈:"什么笔友啊?在哪里认识的呀?"

小芳:"在一个网上的写作群认识的,我们都喜欢写文章,特别聊得来。"

妈妈:"你不怕遇到坏人啊,网上很多骗子的。"

小芳:"啊?她能骗我什么呢?我就是一个学生,也没钱。"

妈妈:"宝贝,我们不能确定对方的真实身份,也不能确定对方跟你聊天的真实目的。"

小芳:"网上也不全都是坏人吧?"

妈妈:"网上也有好人,但是我们得以防万一呀,万一被骗怎么办?"

父母只要本着平等、尊重的态度跟孩子沟通,引导孩子全面思考

问题,就可以最大限度地降低风险。父母可以这样引导孩子:

(1)在见面之前先视频聊天几次,父母可以在旁边观察以判断情况。也可以事先准备好问题去问"网友",这样能最大限度地确认对方提供的个人信息是否真实。为了提防有预谋的犯罪分子通过"AI换脸"技术来蒙骗,要多追问对方的细节信息。

(2)告诉孩子见面的地点要选在安全的、自己熟悉的公共场合。坚决不去KTV、小酒吧、酒店房间或者对方的私人住所。家长如果有条件,可以陪同前往。

(3)随身携带通信设备,以便于家长保持联系或者遇到突发情况时报警。与孩子约定好每半小时要跟父母发信息联系一次。

(4)坚决不吃对方给的食物,不喝对方给的饮料,可以婉言谢绝。建议通过共同负担费用的方式去公共餐厅用餐,且一定要在晚上7点前回家。

如果可以劝阻,尽量让孩子不要见网友;如果无法劝阻,也不要强行控制孩子的自由,而是要通过各种方式来确保孩子的安全。

二、孩子交了"坏朋友",要怎么把他拉回来

陈诚上初二,他性格平和,没有不良嗜好,成绩在班里处于中等水平。父母觉得这孩子虽然成绩不算突出,但比较听话懂事。某次吃晚饭的时候,他的妈妈在他身上闻到一股淡淡的烟味。起初,她以为是孩子在阳台时,染上了爸爸抽烟的烟味;但后来洗衣服时,她发现孩子的衣服口袋里居然有一点烟丝。

陈诚妈妈特别生气,她认为是爸爸抽烟的习惯影响了儿子,为此

他们还吵了一架。后来,从学校老师那里,她了解到近期陈诚跟初三的几个"不怎么学习"的孩子走得比较近,她意识到自己的儿子可能是交了"坏朋友"。

中国古老的《颜氏家训》中有一句话说得很好:"人在年少,神情未定,所与款狎,熏渍陶染,言笑举动,无心于学,潜移暗化,自然似之。"这句话的意思是,对于心智尚未成熟的青少年来说,坏朋友的影响往往比好老师的作用要大得多。

心理学上有个概念叫"链状效应",是指人在成长中的相互影响作用。这种效应在年龄较低的学生中表现得尤为明显。对学生而言,链状效应不仅表现在思想品德方面的互相影响上,还表现在个性、情绪、兴趣、能力等方面发生的综合影响上。

如果孩子真的交了"坏朋友",父母该怎么把他拉回来呢?父母可以参考以下几种方法:

(1)坦诚沟通,发现需求。孩子会交朋友一定是因为这个朋友满足了孩子的某种心理需求。父母可以尝试问孩子:"听说你最近认识了一些新朋友啊?"

孩子:"是啊,跟她在一起很开心。"

父母:"那肯定是你们有很多共同语言吧,她也喜欢画画吗?"

孩子:"画呀!关键是她不嫌弃我,还肯跟我这个学习不好的学生玩。"

只有发现了孩子的需求,父母才能有针对性地想出对策。

(2)引导孩子全面、客观地看待朋友。父母最好采用启发式提问的方式,引导孩子自己去发现问题,这样不会引起孩子的反感和抵触。

父母:"诚诚,我听说你那个好朋友小兵几天没去上课了。"

孩子:"是啊,他很潇洒;哪像我们天天写作业。"

父母:"不用上学是挺自由的,那他考不上高中准备做什么呢?"

孩子:"不知道啊。可以去打工啊,随便做什么都行。"

父母:"初中没毕业,能做什么工作呢?"

孩子:"很多啊!送外卖啊、在奶茶店或早餐店工作啊。"

父母:"这些工作收入高吗?等到40岁以后还能干吗?"

孩子:"我……不知道啊,可能不高吧。好像没看到那么大年纪的店员。"

通过这样的对话,父母引导孩子去发现问题——不好好学习可能找不到好的工作,可能面临生活困境。

(3)讲别人的故事来间接表明"坏朋友"的危害。父母可以借助周围人的例子、书上的典故等来跟孩子讨论"坏朋友"的危害以及亲君子、远小人的重要性。这样可以让孩子更加明白谨慎交友的重要性。

(4)寻求替代性的新朋友。家长可以在自己的朋友圈里或者双方家族的范围内,帮孩子寻找几个品学兼优、乐观积极的孩子,创造机会让孩子跟这样的孩子多接触。同时还可以帮孩子报名参加一些品质有保障的夏令营、冬令营、研学营等青少年团体活动。这样不仅可以让孩子开阔眼界、增长见识,还会交到更多积极上进的好朋友。

三、孩子在学校没朋友被孤立,该怎么应对

有家长向我咨询:孩子性格比较内向,在班里没什么朋友,万一

在学校里被人欺负了怎么办?

内向,常被很多人误解为一种性格"缺陷",但其实这只是一种性格特点,并非缺点。古往今来,有多少内向的人在家庭、事业、人生道路上都取得了巨大的成功。

事实上,内向的孩子也可以在班里、学校里认识其他内向的孩子,他们同样可以成为朋友。孩子交不到朋友,不一定是因为内向,有可能是其他原因,比如以下几个方面。

(1)孩子的自我价值感低,刻意回避同学。如果一个孩子在家庭中经常被指责、否定、忽视,孩子在跟养育者的互动中可能会确认自己是不被欣赏的、不好的、不受欢迎的。当他进入一个集体的环境中时,由于自我价值感不高,他可能会担心别人嫌弃自己、不喜欢自己。虽然他渴望朋友,但还是会选择跟他人保持距离。

针对这种情况,父母要多鼓励、多认可自己的孩子,多让孩子参与家庭事务的决策,尽量让孩子自己做决定,通过这些方法来提升孩子的自信心和价值感。

(2)孩子生活环境单一,没有机会学习社交技能。有的孩子是被老人或保姆带大的,父母常年不在身边,也没有兄弟姐妹陪伴。孩子在一种相对简单的、单一的人际环境中长大,那他在跟别人交朋友时,可能就不是很擅长。

针对这种情况,养育者可以带孩子多参加一些聚会、活动,鼓励孩子跟他人交流;也可以鼓励孩子邀请同学到家里做客,促进他跟同龄人的互动;还可以鼓励孩子参加学校或者社区里的各种社团。

(3)获得老师的支持,突出孩子的闪光点。不是每个孩子在学业上都能拔尖,但是每个孩子都有自己的闪光点。家长可以跟班主任或者任课老师沟通,多给孩子一些展示自己的机会,凸显孩子的优势和特长,这样有利于帮助孩子找到志同道合的朋友。

孩子在学校是否被孤立,主要还是看孩子自己的感受。如果孩子喜欢独来独往且感到自在,也未尝不可。毕竟,不是每个人都喜欢待在人群里,每个人都有自己觉得舒服的社交状态。

四、孩子更听朋友的话,父母该怎么办

小瑜从小就乖巧懂事,跟家人的关系也比较亲近。但是上初中以后,妈妈发现小瑜变了,周末的家庭聚会她不再喜欢参加了,每次都是约同学一起玩。妈妈甚至还偷偷跟着小瑜,发现她确实是跟同班的一位女同学在一起玩。

妈妈觉得孩子跟自己疏远了,孩子话里话外总提及她的同学,似乎更愿意听同学的话,这让妈妈的内心不免有些失落和担忧。

孩子从上小学开始,就逐渐建立自己的社交圈。进入青春期之后,同伴关系会占很重要的位置,孩子更在意同伴的评价和意见。

父母真正担心的是什么呢?有可能是以下几个方面:

(1)万一遇上坏朋友怎么办?孩子会不会被带坏了?关于这类问题,本书已经在前面介绍过了,父母可以借鉴本书中的方法去鉴别孩子交的朋友到底怎么样。

(2)孩子跟父母不再亲近了。孩子跟同龄人、朋友更亲近,并不代表他就不要父母了,他对父母的爱和尊重依然在,只是亲子相处的形式发生了变化,孩子不再像小时候那样黏着父母、依靠父母了。

心理学家克莱尔说过：父母真正的成功，就是让孩子从你的生命中分离出去。世间的爱皆是为了相守，只有父母的爱，是指向分离。

等孩子未来结婚建立了家庭，他会更能理解父母的不易，回归到跟父母一起谈天说地的关系状态。

（3）孩子会犯错。如果因为听取了朋友的建议而不是父母的建议，导致亲子关系呈现出不好的结果，也不必埋怨孩子，成长就意味着会犯错，只要不涉及安全和重大决策，即使孩子选择错了，对孩子来说也是一种历练。父母要启发孩子学会反思，听取别人意见时自己要学会思考。

第三节 师生篇：老师，可能是影响孩子一辈子的人

老师是孩子每天都要面对的人，跟老师的关系好坏直接影响孩子的学业成绩、心理健康和对自身的认知和评价。

一、孩子被老师惩戒了，家长要去讨说法吗

如果家长遇到自己的孩子在学校被老师惩戒了，该如何应对呢？

（1）家长需要及时向孩子了解事情的来龙去脉。看到孩子受到伤害，做父母的当然会心疼；但此时也要保持冷静，先了解情况再决定下一步的做法。如果是因为孩子不守纪律或者是做错了事情而导

致师生间产生摩擦,家长在安抚孩子情绪的同时,需要引导孩子尊重老师、遵守纪律。

同时,家长也需要向老师了解情况,以全面了解事情的经过。在肯定老师尽职尽责的同时,也要提醒老师不能使用暴力去教育孩子,这等于教孩子使用暴力解决问题。总之,家长不要一开始就把老师视为对立面,认为自家孩子受了欺负。相反,家长应该成为孩子和老师之间的桥梁,促进他们彼此的相互谅解和合作。毕竟孩子和老师以后还要继续相处。

(2)如果孩子受伤严重,这证明已经超出教育或者"惩戒"的范畴。家长要及时送孩子去就医,并与学校领导进行沟通,必要的时候报警处理。比如:

①收集证据。如果可能的话,收集相关证据,例如照片、视频、证人证词或任何其他支持孩子所说的事实的材料。这些证据可以在与学校进行沟通时提供支持。

②与学校联系。与学校的教育工作人员或校长进行联系,表达对孩子受到伤害的关切,并要求解释和解决这个问题。此外,还可以通过书面信函、电子邮件或面谈等方式与学校进行沟通。

③寻求支持。如果与学校的沟通无效,可以寻求其他支持渠道。可以咨询学校的家长委员会、教育监管机构、儿童保护组织或当地的教育部门,寻求他们的帮助和建议。

老师身为教育者,需要通过恰当的方式来引导孩子,而不是用暴力来控制孩子、树立权威或者发泄情绪。对于违反教育规范、有违师德的行为,家长要勇敢地站出来保护孩子。

二、孩子对老师的特殊情感，父母如何应对

顾艳在高一时，突然对化学学科产生了浓厚的兴趣，并自主购买了大量化学辅导资料进行学习。然而，顾艳妈妈却觉得是女儿对其化学老师产生了超出一般师生的情感。

在青少年的心理发展过程中，自我同一性的确立是一个核心议题。这个阶段的青少年会开始探索自己的身份、归属及未来发展方向。在这个过程中，他们可能会对某个特定个体产生强烈的好感和仰慕之情。这种情感往往并非真正的爱情，而是基于对理想自我的投射所产生的认同和欣赏。

对于青少年而言，这种对教师的特殊情感可能源于对教师学识和人格的吸引，进而将其视为向往和模仿的对象。这种情感在青少年的成长过程中具有积极正向的作用，能够激励他们努力提升自己。

面对这种情况，家长应该如何应对呢？如果确定孩子的情感只是对教师的仰慕而非爱情，家长无须过度干预，只需默默关注并给予必要的支持。这种情感会随着孩子的成长和认知的发展而逐渐淡化，转化为美好的回忆和成长的动力。

如果孩子确实对教师产生了爱情情感，家长应积极与教师沟通，确保孩子的学业不受影响，并尝试将这种情感转化为积极的学习动力。同时，家长应与孩子进行深入的价值观沟通，引导他们理解爱情的真谛和责任，以及时机的重要性。

在这个过程中，家长应充分理解和尊重孩子的感受，避免使用

强制或粗暴的方式进行干预。通过耐心引导和有效沟通,帮助孩子逐渐调整自己的情感状态,将注意力重新聚焦到学业和个人成长上。

三、遇到"坏"老师的骚扰,是教孩子忍耐还是揭发

2022年12月28日,教育部公开发布了第十一批共7起违反教师职业行为十项准则的典型案例。其中,涉及国内某知名大学的教授杨某某,利用其职务之便,在酒后对女学生实施不当行为,因涉嫌强奸罪被依法刑事拘留,并最终被法院判处有期徒刑一年六个月。

根据《事业单位工作人员处分暂行规定》《教育部关于高校教师师德失范行为处理的指导意见》等相关法律法规,教育部决定对杨某某给予开除处分,同时剥夺其教师资格,将其列入教师资格限制库,终身不得重新申请认定教师资格。此外,杨某某所在部门的党政负责人也已向学校提交书面检讨。

此事件虽发生在大学校园内,但也引发了社会对青春期学生遭遇教师不当行为问题的关注。青春期学生涉世未深,往往对自身的权益保护意识不足,甚至在遭受侵犯时难以察觉。因此,教育部强调,各级教育机构和学校应加强对学生的法治教育和自我保护意识的培养。

骚扰行为包括但不限于以下几种形式:言语骚扰(如评论他人身体敏感部位、不受欢迎的挑逗等)、文字、图片或视频骚扰(如发送带有淫秽、侮辱内容的信件、短信、微信等),以及肢体骚扰(如不受欢迎的肢体接触、要求发生不正当性关系等)。

针对学生可能遭遇的来自教师的不当行为,建议家长采取以下应对措施:首先,给予孩子充分的信任和支持,认真倾听其诉说,并提供情感上的慰藉;其次,详细了解事情经过,并协助孩子收集相关证据;再次,及时与学校取得联系,反映情况并要求学校采取相应措施;最后,关注孩子的情绪和心理健康状况,必要时寻求专业心理咨询师的帮助。

教育部相关负责人指出,牢牢把握师德师风作为评价教师队伍素质的第一标准,对师德违规问题"零容忍"。同时,建议家长和社会也应共同参与到学生权益保护的工作中来,形成多方合力,共同为学生营造一个安全、健康、和谐的成长环境。

四、孩子不喜欢某位老师,要不要换班或者换学校

小阳目前上高一,开学两个月以来,他一直抱怨新来的英语老师,说老师地方口音重、授课方式老套没新意,而且连班上大部分同学的名字都叫不上来,班里同学都不喜欢这个老师。小阳妈妈刚开始没太在意孩子的抱怨,直到孩子最近早晨都不读英语了,妈妈担心这样下去会影响孩子的英语成绩。

遇到孩子不喜欢老师或者是跟某位老师有误解和心结,父母可以怎么引导孩子呢?可以从以下几个方面入手:

(1)问清事情的经过。孩子不一定是在父母面前撒谎或者故意说老师的不对,有可能是孩子对某一件事的认知不同而产生了不同的感受。比如,上面的例子中新来的英语老师讲英语有地方口音,只要他的发音是正确的,不影响沟通和教学就没问题。就算是以英语

为母语的人,不同地区的人发音也会不一样,所以,引导孩子接纳这一点。

孩子和老师因为角色不同、阅历不同,彼此产生误解是常有的。不是一遇到问题就想着换老师或者换班,即使换去别的班或换其他老师也会遇到其他问题。此时,培养孩子适应环境和处理问题的能力才是根本。

(2)如果孩子跟老师真的合不来,也不要轻易选择逃避。青春期的孩子长大了,有自己的见解和判断,还有自己的个性。这个时候父母可以引导孩子:如果不换老师,怎么才能缓和跟老师的关系?如果暂时不想听老师讲的课,怎么保证学到应该掌握的知识点?如果换到新的班级又遇到不喜欢的老师怎么办?父母跟孩子讨论这些问题,是培养孩子多角度深度思考问题的能力。

如果孩子跟老师关系已经非常糟糕,严重影响到学习成绩或者是孩子的身心健康,那建议父母先跟学校沟通,然后商量进一步解决问题的办法。

(3)家长跟老师和学校沟通。家长可以从成年人的角度,本着拉近孩子跟老师关系的原则,增进他们彼此之间了解的原则跟老师沟通。如果老师确实无法沟通或者老师本身确实有很多不称职的地方,家长要跟学校领导沟通商量解决办法。

是否换老师或者换班是孩子成长路上遇到的一个选择题,家长借助每一次的机会跟孩子讨论、引导,培养孩子适应环境的能力和处理问题的能力才是根本。

第四节　追星篇：榜样的力量是无穷的

从心理学的角度看，追星行为可以被解释为一种社会认同和情感表达的方式，同时也可能受到同伴影响、媒体宣传等因素的影响。对于大部分青少年来说，适度地追星并不会对他们的成长和发展造成负面影响。然而，如果追星行为过度，影响到了学业、人际关系或经济状况等方面，就需要引起关注和进行适当的引导。

一、孩子迷恋动漫人物，有什么不良影响吗

小惠自从上了初中就喜欢上了动漫人物。一开始是买书看，后来在网上买各种动漫产品，摆满了一桌子。最近，她跟妈妈说要去参加一个 cosplay（模仿秀）。妈妈实在接受不了一个十几岁的姑娘穿着奇怪的动漫人物的衣服走在大街上，她甚至担心女儿这样沉迷动漫是不是心理有问题。

家长在育儿过程中常常因为焦虑而草木皆兵，一点风吹草动就以为孩子有问题。家长首先要界定什么是"迷恋"，什么是正常的喜欢。这两者最明显的区别在于孩子是否能自我控制，是否能合理安排时间和各项事务。比如，孩子每天可能花了两个小时看动漫书，但仍能按时完成当天的作业，有重要事情的时候可以放下动漫书，那这种情况就不是沉迷。

每个成年人都曾经是孩子，小的时候也有喜欢的东西，比如收集

糖纸、火柴盒子等。有自己喜欢的东西并不是一件坏事,反而是人的一种精神寄托。父母不要用成年人的眼光去评判孩子当下的爱好和审美,这显然是不平等的。只要这个爱好合理合法、不影响孩子的身心健康,父母就不必过分干涉。孩子的喜好通常是阶段性的,可能过一段时间就会把动漫抛到脑后了。

那如果有的孩子完全沉浸在动漫里,待在虚拟世界里,与现实世界脱节了,这个时候要怎么办?

第一步:理解孩子的爱好,不要与之对抗。《小王子》一书中这样写道:"所有的成年人都曾经是小孩,只是很少有人记得。"我们曾经也和孩子一样,沉迷于某种事物,只是很少有人记得。想要走进孩子的世界并不难,就是不带评判地去接触和熟悉孩子的世界——青春期的孩子喜欢的人物、喜欢的网上社区、喜欢的潮流。父母如果能够参与到孩子的世界里,就能赢得孩子的喜爱。和孩子拥有共同话题的同时,孩子自然会敞开心扉。

第二步:保护和尊重孩子的爱好。孩子的爱好也可能是孩子的天赋或者是未来可以借助的资源。保护孩子的天性,给予孩子充分的自由与尊重,孩子自然会学会把控喜爱的度。正如尹建莉老师说的那样:"自由的孩子最自觉。"

第二步:把爱好变成孩子的助力。孩子如果喜欢篮球明星乔丹,父母可以带他去篮球场打球;喜欢看《科学与自然》,可以带他去动物园看看,观察大自然;沉迷二次元,可以带他去看漫展。父母正确引导孩子,可以调动孩子的学习积极性。

一个被尊重的孩子才能学会尊重自己和别人。孩子的学习成绩不拔尖没关系,只要他能在某个领域找到自信,就有利于孩子健康身心的发展,也就越倾向于对自己有正面和积极的评价。

第四步:如果孩子到了沉迷的程度,这个时候需要求助于专业人士,比如去医院的心理科或者专业心理疗愈机构。父母需要调整跟孩子相处的方式,多理解和陪伴孩子,毕竟改善亲子关系是所有教育的基础。

二、孩子疯狂追星,父母是放任还是阻止

现实世界里最出名的"追星事件"莫过于杨某娟痴迷于明星刘某华一事了。杨某娟的父亲中年得女,对她倍加宠溺。因为女儿做了一个梦,就觉得自己跟刘某华有缘,父亲便全力支持女儿追星。从1994年的第一场梦开始,到2007年不幸的事情发生,杨某娟一家为追星付出了惨痛的代价。

如果孩子迷恋某个明星,父母要如何引导呢?

1. 了解"孩子为什么会追星"

家长需要先弄明白孩子为什么会追星。我们年轻的时候也会有自己喜欢的明星,也为自己喜欢的明星哭过、笑过。所以,当发现孩子追星的时候,不要过于惊恐,甚至觉得孩子走上了不归路,其实人都有对美好事物的向往,追星就是一种表现形式。追星背后孩子需要被满足的心理需求是我们需要洞察的,比如,喜欢的明星是否代表孩子对卓越、优秀或者是特立独行等某些价值观的追求?

2. 判断孩子是正常追星还是疯狂追星

喜欢明星本身不是问题,过度沉迷或者迷恋劣迹艺人才是大问题。这个时候,父母需要给孩子一个正确的追星界限。父母可以从下面三个方面进行判断:

(1)花费的时间。孩子学习完后听歌曲、看综艺等,都是可以接受的。因为这些是正常的娱乐活动,可以帮助孩子放松。但是如果花了太多时间追星,甚至耽误了学业,沉迷其中无法自拔,这肯定是不对的。

(2)花的资金。孩子平时偶尔买本偶像的杂志、专辑,费用支出在合理范围内是可以接受的。可是当孩子花的费用过多的时候,甚至开口向家长要一些很不合理的费用,家长是一定要制止的。

(3)心理健康状态。有些孩子追星时能够保持冷静,但有的孩子因为追星而出现辱骂其他明星等不良行为,那父母就需要及时介入。

3. 父母理性看待追星

追星行为并非全然消极,各个年龄段的人都有自己喜欢的明星。父母可以和孩子讨论各自喜欢的明星,彼此增加了解,共同话语也会变多。

4. 引导孩子正确追星

环境对人的影响非常重要,孩子处在怎样的环境里、受什么样的人影响会塑造他们的价值观。父母要树立健康的价值观,读的书、看的电影、接触的人都在影响着孩子的喜好。

如果孩子迷恋上了劣迹明星,本质上还是价值观被误导了,父母可以通过沟通跟孩子聊这个问题。

同时,营造正向的环境给孩子,通过孩子认可的同学和朋友来劝说孩子。父母是孩子的第一任老师,也是孩子最初认可和依赖的人。父母的价值观和言行举止才是对孩子最大的影响。

第四章

性教育：破除偏见，为孩子打下一生幸福的基础

性教育是一个重要的话题，对于人类的健康和幸福至关重要。回避、诋毁或污名化性教育只会让孩子更加困惑和迷茫，不利于他们的健康成长。我们应该以科学、理性和尊重的态度来对待性教育问题，为孩子提供正确的信息和指导，帮助他们了解自己的身体和情感，做出明智的决策，并建立一个健康、平等和包容的社会。

第一节 认识身体：隐私部位的"长相"也很重要吗

一、孩子个头矮，很自卑怎么办

然然是个13岁的漂亮女孩，成绩也不错，却常常因为个子矮被同学嘲笑。为此，她没少哭鼻子。眼看着周围的同学都长高了，她却一直是班上最矮的那个，看着还像个小学生。

为了弥补身高的不足，然然每天拼命地学习。两年来，她每次考

试成绩在年级都是名列前茅,但这并不能让她真正开心。

有一次放学收拾书包的时候,然然听到背后有两个男同学在小声地叫她"矮冬瓜",说完还在窃笑。她既委屈又生气,回到家,没跟在厨房忙碌的妈妈打招呼就冲进自己房间,把门重重地关上了。妈妈注意到平时懂事有礼貌的然然有点反常,于是想和孩子聊聊了解情况。经过一番沟通,妈妈才了解到知道诱因。

进入青春期的孩子开始在意自己的外貌,尤其是身高和体重。如果别的同学都长高了、变声了,自己个子还很矮,孩子难免自卑。其实,每个人先天体质不同,生长发育的节奏也不尽相同,没有必要处处跟别人比。青春期只是长个子的快速期,并非定型期。

10~15岁是孩子身体发育的迅猛阶段。男孩和女孩的身高增长期有所不同,女孩为10~12岁;男孩为11~13岁。孩子对自己的身高自卑,大概率是因为缺少对身高增长的科学了解,父母可以跟孩子讨论一下几个话题:

1. 爸爸妈妈都不高,孩子就一定矮吗

当然不是!每个人身边都能找出这样的例子:爸妈个子矮(低于国家公布的男女平均身高),但孩子却长得高。孩子们都知道身高会受遗传的影响,但并不是完全取决于遗传的。遗传基因决定身高的60%~70%,剩下的部分是由后天的营养、睡眠、运动等因素决定的。通过科学的调整生活方式,是极有可能达到自己理想的身高的。

2. 每个年龄段都有标准身高吗

不是!国家公布的每个年龄段的身高范围只是一个参考值,并不是所有人都严格在这个范围内。比起年龄,骨龄才是判断骨骼生长的重要标志。这个需要去医院检测,如果孩子的骨龄发育与生理年龄偏差太大,就需要听从医生的建议,增加营养和运动,或者是补充生长激素。

3. 哪些因素不利于孩子生长发育

(1)营养不良。如果孩子没有摄入足够的营养,将直接影响身体长高。所以青春期的孩子要营养均衡,蔬菜、水果、肉类、鱼类、豆类、奶类都要摄入。

(2)运动不够。运动,尤其是弹跳类和拉伸类的运动,比如篮球、跳绳、游泳有利于孩子长高。如果孩子不爱动,那可能会妨碍他长高。

(3)睡眠不足。每晚的9:30~12:00是生长激素分泌最旺盛的时段,孩子睡觉晚,错过了生长激素的快速分泌期,自然影响长个子。

(4)长期的不良情绪。平静和正向的情绪会刺激孩子的生长激素分泌,而负面的情绪会压制孩子生长激素分泌。生物体在自然进化中为了能够存活下去,会将自身的能量优先供给给那些能够解决当下严重问题的身体器官。

当处于危险状态时,生物体全身的能量都会被调动起来,用来逃离或者对抗危险,而不是分泌生长激素。先生存,再发展,这是一条很朴素的生物学规律。

所以如果孩子一直处于焦虑、害怕、恐惧的环境中,孩子体内的精力就会用来优先对抗这些负面情绪,生长激素分泌就会得到压制。

当孩子了解了这些关于生长发育的科学知识后,如果还是有担忧,父母可以跟孩子说:"孩子,妈妈不希望你每天为了身高而烦恼。身高并不是衡量一个人的唯一标准,如果你想快一点儿长高,从今天开始,晚饭前和妈妈一起去跑跑步,和爸爸打打篮球。此外,多吃含丰富维生素的蔬菜、水果,多吃鸡蛋、鱼、瘦肉,多喝牛奶。"

有了父母的理解和支持,孩子对于身高的焦虑自然会降低。

二、孩子发育过早怎么办

曾经有个八岁女孩查出胸部隆起明显并伴有疼痛感,医生一摸有硬块。当时,女孩的身高约1.28米,在同龄孩子中属于中等水平,但一拍片却发现,她的骨龄相当于十岁的孩子,其身高在十岁孩子中位于倒数的3%。随后证实,女孩患上了特发性中枢性性早熟。

青春期的孩子已经开始了第二性征发育。如果孩子发育过早,可能会面临个子矮小、体毛浓密等问题。发育过早的原因一般有以下几种因素,家长可以根据实际情况进行自我判断。

(1)孩子有脑垂体瘤:通过做脑CT检查很容易排除或确诊。

(2)饮食与营养:过多的油炸食品、含糖饮料、保健品、补药等会导致体形肥胖,营养过剩,容易出现发育过早的情况。

(3)光污染:长期熬夜、睡眠不足会减少松果体褪黑激素的分泌,进而减弱对性发育的抑制作用,导致青春期发育较早开始,甚至性早熟。

(4)家庭环境:如果孩子的生长环境中家庭关系不和谐,缺乏关爱,就容易导致孩子出现心理问题,可能会对孩子的神经、内分泌系统产生一定的影响。不过关于这一点,目前科学界并没有定论。

第四章 性教育：破除偏见，为孩子打下一生幸福的基础

在大多数情况下,出现发育过早的孩子依然会有正常的青春期及生长发育,最终同样具有正常性能力和生育能力。不过,早熟意味着提前生长,同时会使得生长期缩短。很多发育过早的孩子,早期表现为超出同龄人的身高和体重,到成年期整体身高却偏矮。

关于发育过早影响最终的身高问题,建议父母及时去正规医院的儿童内分泌科或生长发育科咨询。

三、经常运动，会对身体的特定部位造成影响吗

晓军上初三了,嘴角处长出了胡须,声音也开始变化,听起来不再像个小男孩。当男孩子们聚在一起时,他们会聊身体的变化……

青春期被定义为一个人生长发育过程中的重要阶段,而非一个瞬时的时间点。每个个体进入青春期的起始时间存在显著的差异,这主要归因于生理和遗传因素的影响。一般而言,女性的青春期起始年龄大致在9~12岁之间,通常持续到18~20岁;而男性的青春期则通常在11~13岁开始,通常持续到20~23岁。

在青春期这一阶段,个体会经历诸多生理变化。显著的身体生长现象包括身高和体重的迅速增加,平均每年身高增长约6~8厘米,部分个体甚至可达10~12厘米;体重方面,年平均增长量通常在4.5~5.5公斤之间。

这一过程中,第二性征逐渐显现,女性主要表现为乳房发育、体毛出现、骨盆加宽和臀部增大等特征;男性则表现为胡须生长、喉结突出、嗓音低沉和体毛明显等。在青春期的中后阶段,女性通常会出现月经初潮,而男性则可能出现遗精现象。这些现象发生后的3~

5年内,个体的生殖系统基本发育成熟。

值得注意的是,关于生殖器官大小的担忧在青少年中并不罕见。然而,科学研究表明,生殖器官的大小主要受到遗传因素的影响。至今为止,尚未有任何运动被科学证实能够直接促进生殖器官的增长。尽管在某些特殊情况下,如青春期肥胖可能影响男性荷尔蒙的正常分泌,进而导致生殖器官发育异常,但这并不等同于运动能够直接促进正常发育的生殖器官的增长。

四、孩子介意自己的身体变化,父母要如何开导

彤彤,现年13岁,是一名初中一年级学生,身高已超过165厘米。在一次整理房间时,彤彤的妈妈偶然发现了彤彤压在枕头下的一张纸条,该纸条是彤彤写给好友小美的。在纸条上,彤彤向小美透露了自己的身体变化,彤彤感到非常困惑,认为影响了她整体的美观。

彤彤妈妈意识到这是孩子成长中的一个重要时刻,有必要和她谈谈关于女性身体和青春期变化的知识。为了避免直接询问带来的尴尬和可能让孩子感到秘密被侵犯的情况,彤彤妈妈采取了更为巧妙的方式。在晚餐后,她以一贯轻松的口吻邀请彤彤一起洗澡,并给她搓背,这是她们多年来共同保持的习惯,彤彤并未感到异样,欣然同意了。

在洗澡的过程中,彤彤妈妈自然地引入了话题,她注意到彤彤的身体变化,并以此为契机向她解释了这些变化的原因和功能。

此外,彤彤妈妈还强调每个人的身体都是独特的,就像头发和皮

肤的颜色一样。

在整个对话过程中,彤彤妈妈始终保持轻松自然的态度,这让彤彤也能够以开放的心态接受自己身体的变化。彤彤妈妈还深情地分享了孕育生命的经历,强调了身体的重要性和伟大。这让彤彤深刻感受到妈妈的爱和对自己身体的尊重。

通过这次对话,彤彤认识到身体的每个部分都有其独特的意义和功能,它们共同维护着身体的健康和完整。她学会了以更加积极和欣赏的眼光看待自己的身体。

第二节　亲密行为:跟异性保持怎样的距离是合适的

青春期是懵懂的时期,也是对异性开始感兴趣的时期,什么该做、什么不该做很多孩子是不知道的,这就需要家长来指导孩子的行为。

一、谈恋爱有合适的年龄吗

安安刚考上大学,全家都为她高兴。眼看着宝贝要去外地上大学,妈妈既欣慰又不舍。但更多的还是担心,18岁的姑娘第一次离开父母去外地生活,妈妈很是不放心。她叮嘱了很多学习、生活上的事情,唯独对于谈恋爱这件事不知道该怎么跟女儿说。

要是不允许女儿谈恋爱,这显然不合情理,毕竟女儿已经成年了,这事儿也管不住。如果任由女儿谈恋爱,又担心发生很多生理和心理的问题,担心女儿受到伤害。

对于什么年龄可以恋爱,并没有一个标准的数字,可以从以下几个方面综合考虑:

(1)生理成熟度。主要是看孩子生理上是否发育成熟。就女生而言,并不是月经来了就代表性成熟。月经初来临时,女性的卵巢体积只有成熟卵巢体积的30%。直到17-18岁,女生的卵巢才算真正发育成熟,才不会因为亲密行为而遭受损伤。

(2)健康因素。有现代医学研究结果证明,宫颈癌的诱因就包括过早的亲密行为(18岁以下)。在18岁前就发生第一次异性亲密接触的女性,和25岁后才有亲密接触的女性相比较,得宫颈癌的概率高了13.13倍。因为少女的宫颈等组织尚未完全发育成熟,抗病能力弱。国家把最低结婚年龄定为女性20岁,男性22岁是有科学依据的。

(3)心理成熟度。学生时代,心智是不成熟的。大多数青少年分不清生理欲望和爱的区别,缺乏避孕知识,对性的相关知识也是一知半解。生理成熟容易判断,那怎么判断心理成熟度呢?判断标准就是是否能为自己的行为负责——即拥有对自己行为的决定权,并且能为行为的结果承担责任。

针对安安妈妈对于女儿成年后恋爱问题的担忧,这里给出以下建议,旨在帮助她更好地引导和支持女儿。

(1)建立开放的沟通渠道:

进行坦诚的对话,安安妈妈应倾听女儿的想法,不要过度干涉或指责,以培养女儿的信任感。

(2)提供性教育和情感指导:

向女儿讲授全面的性教育知识,包括生理、心理和情感层面,帮助她理解自身身体和情感需求。强调健康恋爱关系的重要性,如尊重、信任、沟通和共同成长。

(3)培养女儿的自主决策能力:

鼓励女儿在恋爱中学会独立思考,学会评估潜力伴侣的品质和关系的健康程度。

(4)引导女儿建立健康的人际关系:

告诉女儿如何识别和建立积极、健康的人际关系,包括恋爱关系,强调在人际关系中保持自我价值和尊重他人同样重要。

二、青少年有效预防性传染病

某大学二年级学生小军,在一次体检中不幸被诊断出患有梅毒。据推测,这可能与他之前的某些高风险行为有关,但这仍需进一步调查和确认。

性传染病,主要以性接触为传播途径,包括但不限于梅毒、淋病、生殖器疱疹等多种疾病。对于青少年而言,他们可能认为性传染病与自己无关,因为多数时间都在校园内度过。然而,在互联网高速发展的今天,青少年网络信息的辨别能力不强,可能会面临更多的风险。例如,不安全的性行为、未采取适当保护措施等都可能增加感染性传染病的风险。

实际上,大部分性病的传播途径相对有限。以艾滋病为例,其主要通过性传播、血液传播和母婴传播。而日常生活中的一般接触,如握手、拥抱、共同进餐等,并不会导致艾滋病的传播。

为了避免青少年感染性病,建议父母采取以下措施:

(1)加强性教育:从小培养青少年的性教育意识,让他们了解性病的传播途径、预防措施以及治疗方法。

(2)提倡洁身自好:鼓励青少年树立正确的价值观,避免过早发生性行为,减少性病感染的风险。

三、父母亲密行为时,被孩子撞见了,要如何应对

首先必须指出,父母在此类情况下的疏忽是不应发生的。父母在进行亲密行为前,应确保适当的私密性,避免孩子无意中闯入。此外,所有相关物品,都应妥善收藏,以免被孩子发现。

若此类事件真的发生,父母不应轻描淡写地处理。若不及时与孩子沟通,此事可能会成为孩子心中不愉快的记忆,甚至可能导致孩子产生错误或负面的看法。

在与孩子沟通时,父母应先了解孩子看到了什么以及他们如何理解所看到的行为。这有助于父母作出恰当的解释和引导。解释时,父母应使用孩子能理解的语言,将亲密行为描述为夫妻之间表达爱意的方式,并强调这是大人的隐私,需要保密。

同时,父母应向孩子道歉,承认自己的疏忽,并强调这并不是孩子的错。

通过这样的性教育方式,孩子们能够在健康、自然的环境中成长,对性有正确、清晰的认识和理解。这也有助于他们在未来建立健康、正常的性观念和行为模式。

第三节 预防性暴力：构建保护儿童免受侵害的有效人际交往策略

一、警惕熟人犯下的性暴力：熟识者可能构成更大风险

性暴力，作为一种严重的暴力行为，其发生不受人际关系和场合的制约。依据施害者的行为特征，性暴力可分为性骚扰、性侵害、对无法表达意愿的个体进行的性交易和性剥削等类型。受多重社会文化因素影响，公众对性暴力的认知往往存在诸多误区，例如：

性暴力仅限于年轻貌美女性受害的错误观念。实际上，性暴力的受害者年龄范围广泛，且不仅限于女性。统计数据显示，未满13岁的儿童占所有受害者的22.7%，2.7%的受害者为男性。这表明性暴力受害者的多样性和广泛性。关于性暴力的错误观念有以下几条：

（1）误解女性受害者可能享受性暴力。这种观点无视了性暴力受害者的痛苦经历，尤其是对那些年幼的受害者造成了极大的伤害。

（2）错误地将性暴力归咎于男性无法控制的性冲动。事实上，性暴力并非由不可抑制的性冲动所驱动，而是源于错误的性别观念和权利控制欲望。

（3）过分强调女性自我防范在预防性暴力中的作用。这种观点将防止性暴力的责任不当地推给了女性受害者。要有效预防性暴力，必须从源头上防止加害者的产生。

值得注意的是,儿童和青少年遭遇的性暴力往往具有隐蔽性。父母通常担心孩子在学校或外地离开自己的保护会遇到陌生人性暴力。然而,官方统计数据显示,更多的性暴力案件是由邻居、亲戚、朋友等熟人所为。

为了保护孩子免受性暴力的侵害,父母必须教育孩子认识到自己身体的自主权。即使是亲近之人也不能未经同意就肆意抚摸自己的身体。如果遇到任何被迫的、让自己不舒服的事情,无论对方是谁,都应该第一时间告知父母或援助机构的帮助。同时,社会各界也应共同努力,加强对性暴力的宣传教育和法律制裁力度,为孩子们创造一个安全、健康的成长环境。

二、如果孩子啥也不说,如何发现他遭遇性侵害

作为父母,我们应始终尊重孩子的身体权利和尊严,成为他们在这个世界上最可信赖和依靠的人。然而,当孩子由于各种原因选择保持沉默时,父母如何通过细微的线索来判断孩子是否遭受了性侵害呢?

(1)身体上的线索可能包括:孩子隐私部位的伤口、红肿,或在洗澡时表现出的疼痛和不适。孩子可能对这些症状感到羞耻,因此可能会出现不自觉地频繁清洗身体或重复洗手的行为。此外,嘴边的伤口或干呕的动作也可能是潜在的指示。

(2)心理和行为上的线索可能表现为:孩子突然变得不安、犹豫,或者无缘无故地发脾气、扔东西、情绪极度不稳定,甚至表达出想要伤害自己或他人的极端想法。有些孩子可能会害怕出门、无法集中

注意力学习,还可能表现出失眠、怕见陌生人、食欲减退等类似于抑郁症的症状。

一旦发现孩子出现这些症状,父母应及时与孩子进行沟通并提供帮助。在沟通过程中,父母应保持冷静,避免表现出过度的惊慌或不安,以免加重孩子的心理负担。同时,可以积极寻求心理老师、学校或专业心理救助机构的帮助,必要时应报警处理。

三、孩子遭遇性暴力,父母该如何妥善应对

当孩子遭遇性暴力时,父母作为孩子最信赖的依靠,应给予孩子充分的信任和支持。父母应该告诉孩子:"爸爸妈妈相信你,这件事情不怪你。换成其他孩子也会和你一样。在那种情况下,任何孩子都不知道该怎么办。你现在可能感到生气和悲伤,这都是正常的反应,我们可以理解。"应避免使用指责或质疑的言辞,以免加重孩子的心理负担。

除了情感上的支持外,父母还应立即报警并详细说明事件经过。同时,应妥善保管相关证据,为可能的法庭审判做好准备。在了解事件经过时,父母应避免使用封闭式或引导式的问题,以免误导孩子的记忆或判断。相反,应在孩子情绪稳定时询问开放性问题,如"是谁做的""什么时候发生的"等,以便获取更准确的信息。

面对这种事件,很多父母也会感到不知所措和情绪失控,建议父母可以寻求心理专家或警方的帮助。

此外,父母在事件发生后不应选择隐瞒或忽视问题。如果需要为孩子转学或搬家以避免进一步的伤害,父母应事先征求孩子的意

见并确保其理解这一决定的真正原因。

最后,父母可以考虑为孩子寻求专业的心理辅导以帮助其走出阴影。如果条件不允许,父母的理解、陪伴和支持也至关重要。父母要坚定地告诉孩子:"孩子,没事儿的,无论发生什么,爸爸妈妈都陪在你身边。"

四、外貌与穿着是否会增加性骚扰的风险

小林是一名表现优异的初三学生,不仅学业出众,还颇具才艺,外貌亦颇为标致。然而,这些优点却为她带来了一些不愉快的经历。部分男同学通过传递纸条、零食等方式向她表示好感,甚至有的同学还对她动手动脚。这些行为令她感到不安,她不知如何妥善应对。

社会上存在一种误区,即将女性的外貌和穿着视为性骚扰的诱因,并因此对受害者进行责备。这种观点严重忽视了性骚扰的核心问题,即对个人意愿的漠视和侵犯。实际上,多项统计研究一致表明,性骚扰的发生与受害者的外貌和穿着并无必然联系。

"穿着暴露"这一概念具有极强的相对性和主观性。以主观的审美标准或道德规范来评判他人的穿着是否适合,并将其作为侵犯他人权益的借口,显然是站不住脚的。每个人都有权自主选择穿着方式,而不应因此承受性骚扰或性侵犯的风险。

权威研究指出,性骚扰和性侵犯的发生取决于施暴者的行为选择和道德底线。将这类事件归咎于受害者的所谓"诱因",实际上是一种扭曲的受害者有罪论调。它不仅为施暴者提供了开脱罪责的借口,还试图将性骚扰和性侵犯等严重行为正当化。这是完全不可接受的。

第四章 性教育：破除偏见，为孩子打下一生幸福的基础

我们必须明确一点：个体的穿着绝不应成为其遭受性骚扰或性侵犯的借口。在应对这类事件时，我们应坚决谴责和制裁加害者，同时为受害者提供必要的支持和保护，确保他们的权益得到充分保障。

第四节　性取向问题：尊重选择优于强制教育

性取向是指一个人对于情感、性欲和/或性吸引的对象的偏好或倾向。它描述了一个人在情感和性方面对于不同性别的人的吸引力。性取向是个人内心的体验，可能在个体的一生中发生变化，也可能保持相对稳定。每个人的性取向都是独特的，不同的人有不同的性取向，并且没有一种性取向比其他性取向更好或更正确。性取向是个人身份的一部分，应该得到尊重和接纳。

一、面对孩子性别认同变化，父母应如何应对

某男舞蹈演员，从小就酷爱舞蹈，羡慕女孩子可以穿裙子、扎小辫子。他感觉自己被命运开了个玩笑，明明内心是女性，却生了个男性的身体。在经过一系列心理测试后，他更加确信自己在心理上是一个女人。后来，他做了手术，开始以女性身份出现在舞台上和大众面前。

性别分为生理性别、社会性别和心理性别，自己内心认可自己是男性还是女性，即心理性别。其实我们每个人的内在都同时具有男

性和女性两种人格特质,性别认同是一个很复杂的过程。简单来说,男孩儿通常向父亲认同,而女孩儿则相对曲折一些,她们会先向父亲认同,然后再转向母亲认同,去学习如何做一个女人。

性别认同是一个复杂的心理过程,涉及生理性别、社会性别和心理性别三个层面。每个人的内心都可能同时存在男性和女性两种特质,而性别认同则是个体对自我性别的内在认知和确认。在孩子的成长过程中,父母的角色、行为和态度对孩子的性别认同形成具有重要影响。若父母在孩子性别认同关键期缺乏关注、与孩子关系过于紧密或态度过于严厉等,都可能导致孩子性别认同出现偏差。

例如,某个孩子因缺乏父亲的认同和接纳,进而否定父亲及其他男性角色,最终导致心理性别认同为男性。这一现象表明,家庭环境和人生经历对个体性别认同的形成具有显著影响。同时,也有部分个体的性别认同与生理性别不一致是天生的。

无论性别认同的成因如何,个体的性别认同都是稳定的,不易改变。因此,父母应尊重孩子的性别认同,当孩子表现出性别认同障碍或不认同自己的生理性别时,父母的首要原则是尊重和理解。允许他们尝试不同的体验和感受,以找到自己的性别认同。

二、孩子有特殊性偏好,是心理变态吗

小军,18岁,大学新生。在寒假期间,他的妈妈注意到一个现象:小军对其私人空间表现出强烈的保护意识,拒绝母亲进入他的房间打扫。直至小军返校后,他的妈妈在整理小军房间时,意外发现了

藏匿于枕头套内的两条女性内裤。对此,他的妈妈感到极为震惊和困惑,担心小军可能涉及不正当的性关系或行为。

从心理学角度分析,小军的行为显示出一种被称为"恋物癖"的性偏好特征。恋物癖,特指个体在强烈的性欲望驱使下,反复收集和异性有关的非生命物体,并通过这些物体来满足性需求。在此类偏好中,个体对于异性本身或其性器官可能并无直接兴趣,而是对于特定物品产生异常迷恋。

值得注意的是,恋物癖并不等同于心理变态。只要这些偏好在法律、道德和公序良俗的框架内,且不伤害他人和自己,并能承担相应的责任,都应被视为合理的个人选择。

对于青少年的特殊性偏好,父母应秉持开放且审慎的态度。在尊重个人选择的同时,父母要对孩子强调法律和道德底线的重要性。对于孩子可能造成伤害的偏好行为,父母应提供必要的心理支持和安全指导。

三、女儿不穿裙子、儿子喜欢布娃娃,这些行为正常吗

小帅自幼因宫内感染而在新生儿病房接受了一个月的治疗,随后在成长过程中表现出对毛绒玩具的强烈偏好,这一行为与其生理性别在社会常规认知中存在差异,小帅的父母因此担心小帅的行为不正常。

有些父母在面对孩子不符合传统性别角色的行为时,如男孩喜欢布娃娃或女孩不穿裙子、喜欢玩车等,会感到担忧和困惑。这种担忧往往源于对社会性别角色的刻板印象,即认为男孩应表现出坚强、

果断等特质,而女孩则应表现出温柔、细腻等特质。

然而,需要指出的是,每个人都有其独特的个性和兴趣,这些特质并不完全受生理性别的限制。男孩可以拥有女孩的细腻和温柔,而女孩也可以拥有男孩的坚强和果断。这种跨性别的特质表达并不意味着性别认同上有问题,而是个体多样性的体现。

面对孩子的非传统性别行为,父母应保持开放和理解的态度。父母通过与孩子的坦诚沟通,了解他们的想法和感受,这样可以更好地支持孩子的个性发展。同时,父母也应避免将自己的担忧和偏见传递给孩子,以免影响他们的自我认同和心理健康。

四、关于性取向的固定性与社会认知

鹏鹏从高一开始发现自己对异性不感兴趣,反而对同性有几分好感。他一直小心翼翼地维护着心中的秘密,觉得自己像是做了见不得光的事情,感到非常压抑。等到大一的时候,他终于忍不住向妈妈坦白了。然而,妈妈认为他只是年轻叛逆,并没有太在意这件事。这种不被理解和接纳的状况让鹏鹏感到痛苦。

确实,有些人因为创伤性经历或家庭原因而改变了性取向,但这样的情况毕竟只是少数,大多数人的性取向都是天生的。

性取向的形成是多因素的复杂过程,包括生物遗传、环境影响等多种因素。尽管创伤性经历或家庭环境可能在一定程度上影响个体的性取向,但大多数人的性取向是天生的且固定不变。

过去,同性恋曾被归类为精神疾病。然而,随着医学的进步和社会认知的提升,世界卫生组织和中国的精神科学会已先后将其从疾

第四章 性教育：破除偏见，为孩子打下一生幸福的基础

病分类中删除。

所以，当面对孩子性取向问题时，父母的理解、接纳和引导非常重要。良好的亲子关系是一切教育的前提，父母应避免草率下结论和评判。

第五章

学业提升：无论资质如何，孩子都能有大进步

对于提升孩子的学业成绩，也许有的家长会寄希望于"解题秘籍"或者是孩子开窍后的"良好悟性"。然而这些东西要么是商家的噱头，要么很虚无缥缈——谁也说不清怎么才能让孩子有悟性。

如果将提升学习能力的过程进行分解，那么不外乎是增加基础性的知识"点"，并且将这些点进行有效连接，然后连成"线"。最后将不同学科的无数的线，连接起来就形成了自己的知识体系。

这一过程是有迹可循的，也就是说每个拥有正常智力的孩子都可以通过系统的方法掌握知识，提升成绩。

第一节 原则篇：提高孩子学习能力的黄金法则

学习的原则是指在学习过程中应该遵循的基本准则和方法。比如，主动性原则、目标导向原则、反馈原则、持续性原则等，除了这些

常规原则,以下介绍一些具体针对各种学业难题解决层面的原则。

一、当孩子成绩停滞不前,"鱼池理论"帮你查出根本原因

米米10岁了,特别喜欢各种体育运动,但是文化课的成绩总是一般。老师反馈,每次上课的时候,米米在课堂上经常显得心不在焉,她可能正在努力理解老师讲解的内容。

或许是感觉学习任务艰巨,她难以投入其中,因此常常表现出等待下课的状态。到四年级上学期期末结束时,米米的语文和数学成绩都只拿到了B。妈妈隐隐感到担忧,她发现米米对学习的兴趣好像不大。

跟数学和语文老师沟通之后,米米妈妈了解到孩子的基础比较薄弱,很多汉字不会写导致写作文经常犯难;数学加减乘除的口算能力也比较弱。米米妈妈很着急、很焦虑,不知该如何是好。

如果孩子的成绩总是停滞不前,徘徊在班里中等或者中等偏下的水平,那很大的原因是各科基础打得不牢。

虽然每个父母都希望孩子的学习能够"突飞猛进",但孩子的学习能力一定是呈"阶梯式"提高的。我把学习能力的提高比作建造鱼池的过程,分成三个阶段:

第一阶段:打基础的建造鱼池阶段。要想把鱼养好,自然需要一个精致的大鱼池,鱼池越大,鱼的活动空间就越大。孩子在一年级到三年级时,这三年是打基础的时候,孩子需要理解各科最基础的知识。比如,汉字的构词法,汉字的偏旁部首,掌握了这些方法,可以让

孩子对汉字的造字规律有进一步的认识。

对于英语学习,孩子如果尽早了解构词的规律、拼读的规律(如自然拼读)也有利于他们记住英语单词。对于简单的语法,并没有过多技巧,记住即可。这个时期大量的背诵是非常有利于积累基础语法和培养对英语的感觉的。

对于数学学习,孩子需要掌握基本的数学概念,比如,什么是加法、什么是大数、平行四边形的特点是什么,等等。除此之外,要大量训练孩子的口算速度和提高计算正确率,比如,每天让孩子做10道口算题。不要小看这种训练,如果孩子每计算一道题就比别人慢2秒,那整套数学试卷做下来,差距可能就是20分钟或者更长了。

对于基础阶段的学习,最关键的点有三个:

(1)要尽早训练孩子的基础能力,比如,识字、计算等。

(2)拆分任务,让孩子轻松完成。比如,每天花3~5分钟练习口算或默字,孩子没有压力,日积月累及能掌握很多,而且能养成打卡积累的学习习惯。

(3)可以用沙漏或者计时器培养孩子的专注力和学习习惯。孩子的年龄越小,集中注意力的时间越短。训练孩子专注做事,对其以后的学习大有好处。

第二阶段:注水期,也就是大量的知识获取阶段。在鱼池建好的时候,就要进行大量注水了。四到六年级的孩子要进行大量的阅读、实践。

很多父母反对"填鸭式教育",我认为好的教育,不在于形式是怎样的,而在于教育过程中孩子的感受和教育的结果。10~11岁是孩子大量吸收知识的阶段,只要给予知识的方式是孩子喜欢的,比如,看纪录片或者是动手做实验,那么大量吸收知识有什么不好呢?

第三阶段：装修期，根据孩子的个性发展来规划。前面已经打好基础，并且有大量的知识储备，到了初中就可以根据孩子的特点来规划学习了。有的孩子适合靠成绩来升学，有的孩子可能适合艺术路线，还有的孩子适合走科技路线（比如，学习编程）来升学。

鱼池里面放什么花、什么草，以及装修成什么风格，根据孩子的特点来定。这个阶段，父母虽然不用天天坐在孩子旁边陪写作业，但要关注孩子的学习结果——关键知识点是否掌握、学习是否遇到困难、家长可以提供什么帮助。

如果家长认为到了初中孩子已经大了，可以不用管了，那么孩子在遇到其他问题无法解决的时候，成绩有可能就直线下降了。

二、孩子悟性一般，"点线面原则"帮他考取理想中学

高飞读初一，他在年级的师生中小有名气。他出名的原因并不是因为成绩突出或者有什么过人的特长，而是他每天总是第一个到教室。就连门口的保安都记住了这个常年坚持第一个到教室的学生。虽然高飞表现得很积极，但是他的成绩在年级排名中总是在中下游徘徊。

高飞的父母做生意，平时特别忙，没有时间管他，所以他是跟他奶奶在乡下一起生活的。小学毕业后，他的父母把他接回城里，来到这所重点中学上学。高飞总想在学习上表现优秀，以此让奶奶高兴，但事实总是事与愿违。

看到这里，很多父母会同情这个孩子。大多数人认为，理解能力是一个人与生俱来的天赋。家长往往寄希望于要么生个聪明的孩

子,要么通过什么方法让孩子头脑变得灵光,以此在竞争中取得胜利。

但理解能力其实是可以被培养出来的,只要按照一定的方法去训练,人人都能获得。理解的过程并不是突然的"灵光乍现",而是踏踏实实按照步骤和方法来实现的。以下路径可以实现增强孩子理解能力的目标:

1. 吸收足够多的基础知识(点)

<u>如果把理解能力比作是一张网的话,那么增加这个网上的结点就可以让这张网更大、更灵活。</u>每门学科的基础知识就是这些结点,必须让孩子们熟练掌握、反复练习和巩固基础知识。比如,坚持规律性地做计算题、背诵古诗词、记忆英语单词,理解并牢记理科的基础公式、定律、定律等。

文科有大量的需要记忆的知识点,不要觉得是死记硬背,理解的前提一定建立在有足够多的知识点上。

2. 把单个的知识点连接成一条线

语言学习里有一种题,就是给学生几个词,然后要求把这几个词按照正确的顺序组成一句通顺的话。这其实就演示了理解的过程。有了足够多的基础知识点,发现这些点之间的联系,然后将其组成一条条的线。

比如,孩子脑海里有十几种水果的名称,他就可以按照颜色、形状、气味、产地、口感等来给水果分类,这个分类的过程就加深了他对水果及其相关知识的理解。

再比如广告创意,如果我们的大脑中没有足够多的素材、图片、案例、场景,这些要素之间没有产生各种联系,那创意很难想出来。

那怎么把单个的知识点连成一条条的线呢?方法就是让孩子养成思考的习惯,去主动寻找事物之间的联系。最实用的工具就是"思维导图",市面上有适合不同年龄段的、不同种类的思维导图,父母可以参考,通过有趣的方式锻炼孩子寻求事物之间联系的能力。

还有一种方法就是,多做学科的练习题,增加点与点之间的联系。很多父母反感让孩子"刷题"(大量做题),认为这样的方式会阻碍孩子思考能力的发展。而我认为大量做题本身是在锻炼孩子的思考能力,只有惩罚性的、让孩子反感的做题强度才会引发孩子对学习产生厌恶感。

3. 广泛阅读、跨学科学习,把线连成面

孩子越是能通过不同学科的视角去了解世界,他对世界的理解就会更加多元,也更深入。

不同的学科有不同的研究角度,比如,画家可能从人体比例去看待女性的美;生物学家则认为长得标致的女生和长得一般的女生,她们的皮肤构成元素是一样的;物理学家通过人体力学判断腰部太细的女性在生育上可能会有压力。

当孩子能够大量阅读,跨学科学习,他脑袋里的点、线就会连成面,对一个事物的理解就是多维度的。而一个人之所以会偏执,常常是因为他看问题的角度有限,而且还对自己的判断深信不疑。

三、每次只能考二三十分,掌握"多维感官学习法"助力孩子

涛涛上六年级了,他最讨厌的事情就是背课文。在学校背不出来,回家后他的妈妈监督他背。他的妈妈感觉孩子脑袋里好像少了一根线。

涛涛每到要背课文的时候,就焦躁起来,身体不自觉地扭动。他一会儿看看天花板、一会儿翻翻桌上的书。不管他的妈妈怎么纠正,他都没有办法专注地把一篇几百字课文背下来。后来,他的妈妈后来带着他去医院做检查,医生说他很正常。

他的妈妈后来找到了专注于儿童与青少年心理的心理咨询师,这才了解到不同的孩子有不同的学习风格,大致可分为:视觉型、听觉型、体觉型。视觉型的孩子对于视觉信息更加敏感,容易记住通过视觉输入的信息;听觉型的孩子对于声音更加敏感,容易记住和理解通过声音传递的信息;体觉型的孩子身体的感知能力比较强,他们喜欢通过肢体和运动去接受信息。

每个孩子都同时通过不同感官去接受外界的刺激和信息,只是会有偏重,即会有一个主要的、更擅长的接收和处理信息的渠道。比如,一个听觉型的孩子,上课的时候不怎么看黑板和老师,看着好像在东张西望,但其实他是在通过听觉吸收老师讲的内容。

他能在课后完成与讲授内容相关的习题,至少说明他通过自己的方式接收到了知识点。

学习专家爱德加·戴尔最早提出的学习金字塔理论显示,学习

者采取不同的学习方式,两周后对所学内容的留存率差别很大,如下图所示。孩子在学习中调动的感官越多,学习的效果会越好。

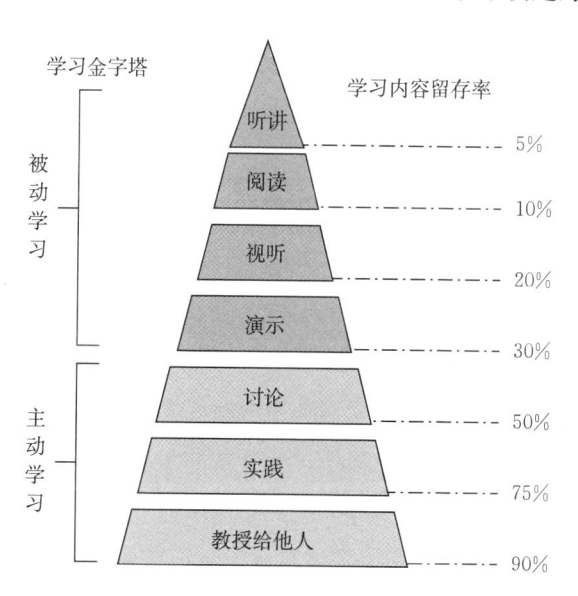

学习金字塔　　　　　　　　　　　学习内容留存率

被动学习
- 听讲 —— 5%
- 阅读 —— 10%
- 视听 —— 20%
- 演示 —— 30%

主动学习
- 讨论 —— 50%
- 实践 —— 75%
- 教授给他人 —— 90%

在这幅图中,不管是听讲、阅读、听音频或看演示,两周后对所学习的内容留存率不足30%。这些学习方式基本是单一感官参与。而讨论、实践、教授给他人,是多种感官共同参与学习,两周后对所学内容的留存率在50%以上,最高达到90%。

那如何才能引导孩子将多种感官参与学习呢?结合上面的学习金字塔图,我们不妨采取下面几个策略。

一是把所学的知识用于实践中。联系生活,设计情境化任务,让孩子在完成任务的过程中,综合运用所学知识,学以致用。

二是让孩子当小老师,把学会的知识讲给别人听。这需要孩子自己理解了,再用合适的方式讲给其他人。

以背诵为例,把某段话或者某个知识点背下来的方法有多种,大部分孩子会采用听和说的方式,这个时候如果家长参与进来,把要背诵的内容改编成一个小故事表演出来,那这种方式就更有趣了,孩子对于内容的理解也就更深刻了。

四、学习状态时好时坏,编写"日常惯例表"来保证学习效果

诚诚妈妈注意到一个现象:孩子开学的前半学期,在学校和家里的表现都不错,作业的完成质量也很高。

但是到后半学期,诚诚的学习状态就开始变化了,老师说孩子上课开小差,家庭作业完成质量也不高。

很多家长其实都忽略了环境对孩子学习的影响。环境的好坏直接可以影响孩子的情绪,而情绪则进一步影响孩子的专注度、精力和坚持度。

以女孩为例,大多数女孩子较为敏感,十分在意别人的看法,比如"别人学得怎么样""老师怎样才能表扬我""妈妈对我满意吗"等问题。很多父母会告诉孩子不要过分在意其他人的看法,事实上这对敏感的女孩来说,帮助是不大的,反而会增加她们的压力。

家庭环境对于女孩学习的影响主要表现在三个方面:

(1)家长如何对待女孩。女孩子会不断去评估"父母是否在意我、父母是否关注我、父母是否公平对待我",这些评估在女孩心底是默默进行的,她们通常不会表现出来,所以父母也就很难发现女孩的情绪有什么不对,而是只会看到她们乖巧懂事的外表。

（2）家庭关系是否和谐。女孩子能敏感捕捉到家里的氛围是否和谐，尤其父母之间的关系是否亲密。如果父母的关系不好，女孩子会担心家庭遭遇危机。还有的女孩会认为问题出在自己身上，认为是自己导致了父母不和。

（3）居家环境是否安静整洁。大多数女孩子讨厌凌乱、脏污的环境。如果客厅里父亲四仰八叉地躺在沙发上刷手机，女孩可能就会感到心烦意乱，无法集中精力学习。

难道男孩就不在意环境吗？当然不是，相比于总在捕捉环境和周围人的态度，男孩子会更加关注自己一些。男孩更容易受自己当下情绪的影响。比如，当他们因为某种原因而学习热情高涨，那么就会专心投入学习中，而且成绩会提升明显，这会令家长感到诧异；而若他兴致不高或者受了某种打击，则会偷懒懈怠。

男孩子如果沉迷于刚学会的游戏、新买的手办等吸引他注意力的事物，则学习就会被抛诸脑后。这种倾向在小学阶段的男孩子中尤为明显。要想阶段性地提高孩子的成绩，无论男孩女孩都要制订一份"日常惯例表"，让孩子走制订好的常规化路线，每天按部就班完成一些学习任务，才能保证稳定的学习效果。

学习的常规化就是在任何情况下都不能违背学习计划。在确定好的学习时间内，不管发生什么事情，都要保证孩子能够专注学习。尤其是男孩子，不要试图去激发他们的短期"干劲"，干劲只能维持一小段时间；而应该引导他们形成长期的学习习惯和规律。

真正的快乐教育，是孩子通过克服各种困难而实现了目标带来的自信和自我价值感的提升，而不是什么都不做。所以只要不是逼着孩子只学习而失去了生活乐趣，要求孩子按照计划来完成学习目标对于一步步提升成绩是很有帮助的。

把学习任务拆解到每天要做什么,然后坚持下去,孩子就会逐渐养成良好的学习习惯。把学习常规化,把学习变成生活的一部分。就像睡觉要换睡衣,早上起床后要洗脸,饭后要刷牙一样,会成为一件自然而然的事情。

第二节 目标篇:让孩子成绩突飞猛进的助推器

没有目标的学习就像是司机开着一辆没有目的地的车。目标系统是孩子的灯塔,指引他前行的方向;在孩子迷茫或者想要放弃的时候给他动力和希望。

一、学习计划从来就完成不了,"胡萝卜"策略会让他全力向前

小军13岁,刚上初一,成绩在班里算中等水平。虽然成绩并不算突出,但并不影响小军对自己的"迷之自信"。不管成绩多么不好,他只是难过一会儿,然后就又活蹦乱跳了。

本来这样乐观的性格是好事,但是小军妈妈担心小军是"不求上进"还"容易自满"的表现,如果不在学习上下苦功夫,就靠这种乐观精神显然是无法考上理想的高中的。为了督促小军认真学习,小军妈妈帮小军制订了学习计划,但是小军执行了几天就又不执行了,似乎只有三分钟热度。

有的男孩子好像天生就热衷于"干大事儿",嘴里说的是些不切实际的"目标",比如:

"我要考上清华。"

"我要给妈妈买一栋大别墅。"

"我要发明一款超厉害的太空电梯。"

对于实现具体的事情,比如,期中考试把数学成绩提高20分,他们反倒是显得没那么有热情。这种情况下,要想激发这些男孩子的学习动力,不妨给他们设立一个"宏大"的目标(相对他目前的成绩和能力而言)。

父母可以先跟孩子沟通,了解孩子未来都有哪些想要实现的理想,然后从中挑一个最能激励孩子的理想作为目标,比如"考上清华大学"。父母可以把目标写在纸上,然后贴在墙上;或者经常跟孩子提起这个目标。当然,父母在提及这个目标时,要用信任和激励的语气跟孩子说。否则,孩子在成绩一时不佳而沮丧的时候,会觉得那个宏大的目标是一种嘲讽——根本就做不到。

这个目标就像一根挂在"马儿"前方的"胡萝卜",吸引着马儿一直向前。可能有家长会反驳:"考上清华大学对大多数孩子来说,是不切实际的。"我想说的是,目标是用来激励孩子的,给孩子动力的,并不一定要实现,或者说不是短期内要实现。

即使孩子没有考上清华,孩子也不会损失什么,反倒是这个宏大的目标在孩子遇到挫折时给了他无尽的动力。这个为了理想而努力拼搏的过程就是当初设立这个目标的意义。

当然,宏大目标的策略不太适合用来激励女孩,或者说在女孩身上的效果会打折。女孩的心智发育往往较男孩早,她们往往能更加现实地去判断自己的能力和目前的学业水平。如果让一个成绩中等的女孩去考清华,她会说:"妈妈,不可能的,就我这个成绩能上一个二本大学就已经不错了。"

<u>要激励女孩,需要在她们完成了具体的小目标和任务后把这个大目标再强调一遍</u>,也就是说,"完成某个具体的目标"本身就是对女孩的一种激励和认可。比如,某个女孩期末考试数学成绩比期中提高了20分,妈妈就可以直接跟她说:"宝贝,妈妈注意到你数学考试期末成绩比上次提高了20分呢,你怎么做到的?"

这样的沟通方式不仅表明妈妈关注到了孩子的进步,还启发孩子去总结和归纳取得好成绩的原因和经验。

在帮助女孩子制订学习计划时,父母可以采用任务清单的方式把每天要做的事情列好,做完一项就勾选一项。这样可视化完成任务的方式,会让女孩子感觉自己很好地完成了任务,对她们是很好的激励。

无论是男孩还是女孩,一旦体验到学习的成就感,学习积极性就会有所提高。

二、成绩考得差还善于找借口,"打铁"策略助推各科成绩全面提升

小军初一第一学期数学期末考试考了76分(满分100分),妈妈很是担忧——数学是基础学科,如果学得不好,那么初二开始学物理、初三开始学化学,小军可能都跟不上。于是她准备跟小军聊一下数学成绩低的原因,希望引起小军的重视。

妈妈:"小军,期末数学怎么只考了76分啊?"

小军:"唉,我本来会做的,但是最后的两道大题看错了数字。"

妈妈:"那你为什么要看错数字呢?期末成绩也很重要的。"

小军:"其他人也看错数字啊,我们班有十几个同学考得比我还差。"

妈妈:"你怎么总是跟考得差的同学比啊!还有很多考得好的同学呀。"

小军:"我知道啦,下次我会注意的。"

小军完全不在意妈妈对于自己成绩的担忧,而且每次他总能找到"理由"来解释为啥没考好。

男孩子们似乎都对自己的短处视而不见,而对长处则关注有加。他们对于某次考了90分的学科会信心大增:"我真是太厉害了。"而对于只拿到50分的学科,则会自我安慰道:"就是没看清题目,本来可以考90多分的。"

与女孩子在意自己的劣势不同,男孩子关注的是让自己心情愉快的那部分。男孩子这种乐观的心态可能让他们忽视自己的短板。能否让男孩子在考试中取得理想的成绩,关键在于父母能否用他的优势去激发他弥补劣势。

男孩子一般都很重视自己的强项,也想维护自己厉害的形象。他们会在心里想:"这次数学考得还不错,要是因为英语考砸了那就太可惜了。"所以,一旦戳到他们的痛处,他们就会奋发图强,在弱势学科上下功夫了。

这个时候,父母也可以再给他们"添一把火",利用男孩子不服输的性格激励他们:"我儿子的数学确实强啊,按照你的学习能力,英语考个八九十分也不是问题啊。"男孩子获得父母的信任会更加努力学习。

以上的做法就是"趁热打铁"的思路——通过优势来增加信心,利用好胜心和优势带动弱势,激发孩子的学习动力。这是从情感层面提高弱势学科成绩的方法。当然,家长还可以引导孩子将学习方法进行"知识迁移"。

什么是知识迁移呢?就是把学习优势学科的方法转移到弱势学科上。比如,孩子的数学成绩很好,在概括总结、发现规律、推理过程方面比较擅长,那么可以引导孩子在学习语文的时候,尝试将概括总结能力进行发挥。

比如,在语文的阅读理解题目里,经常会要求孩子写出一段话的中心思想,也就是这段话主要在表达什么。那通过对写作手法、写作框架的总结可以发现:作者通常会在段落的第一句或者最后一句表明自己的写作目的。

这就是利用数学思维去学习语文,把各个学科的方法灵活运用,说不定孩子也能发现更好玩的方法。

至于在每门学科上如何分配学习时间,这个需要家长和孩子一起来讨论决定。总体的指导原则就是,利用优势学科来建立自信,从而带动弱势学科。同时给弱势学科多分配时间,这样就不至于因为偏科而影响孩子的自信和总体的成绩。

三、孩子一考差就耿耿于怀,警惕"负性心理"让成绩下滑

小敏看到自己期末英语只考了73分,坐在座位上难受了好久。

第五章 学业提升：无论资质如何，孩子都能有大进步

同学们都结伴放学，准备周末两天好好休息一下，小敏却一直等到班里的同学都走光了，才背着书包走出教室。

回到家，妈妈正在厨房做晚饭，看到小敏回来了，妈妈笑着迎了出来。小敏只是叫了一声"妈妈"就回自己房间了。妈妈看着小敏没精打采的样子，就猜测她肯定遇上什么不开心的事情了。

小敏从小就懂事儿，学习也很自觉，但就是对自己要求太高了，总是希望自己各个方面都表现出色。一点小事没有做好，她都会介怀很久。

晚上一家人坐在一起吃饭的时候，妈妈试探着问："敏敏，今天是不是太累了？看着有点没精神啊！"

"没有，就是英语成绩不太理想。"小敏如实回答。

妈妈听完，本想安慰她"一次没考好没关系的"，但是看着沮丧的小敏，她觉得这样的安慰可能会让孩子更难过，于是只好低头吃饭了。那顿饭，全家的氛围都很压抑。

小敏吃完晚饭回到房间，心情跌到了谷底，她觉得是自己没考好，搞得全家人心情都不好了，内心充满了自责。她越想越难过。

女孩子在思考事物的因果关系时，会进行各种各样的关联。并且，她们经常会有负面连锁效应。假设一件事情没做好，导致心情不好，接下来就会因为负面情绪导致更多不好的事情发生。

比如，小敏因为一次数学成绩考得不理想，进而开始担心考不上理想的高中；例子中小敏因为成绩没考好，就怀疑是自己的心情影响了全家人吃饭的心情，这就叫"负性心理"——把事情朝消极、负面的方向去思考，然后引发了更多负面的结果。

如果发现孩子有负性心理倾向，父母应该怎么引导孩子克服呢？

或者怎么才能帮助孩子看到希望和积极的一面呢？可以参考以下思路：

比如，一位六年级女生，她期末的各科成绩分别是：语文90分、英语80分、数学65分。她可能会从消极方面去思考，比如会对考得最差的数学耿耿于怀，会认为："我数学才考了65分，考好的初中肯定没戏。"她不会从积极面去考虑："我语文考了90分，其他的科目再努力一下或许就能考上好的初中。"

这种负面联想会影响这个女孩子的信心和学习动力。要想让她摆脱这种负面联想，必须向她提供看得见的证据，让她相信自己可以。几句空洞的鼓励"你可以的""你能行的"是不可能真正鼓励到她的。

什么是看得见的证据呢？比如，父母可以请老师跟孩子沟通：虽然你数学只考了65分，但是基础知识掌握的其实不错，比如上次数学就考了88分，再上次是考了91分，这次没考好或许是因为其他原因。考试就是为了查缺补漏，没考好恰好是检查自己薄弱的地方和遗漏的知识点，也更有利于迎接下一次的考试。

这样有理有据的劝解才能真正减少孩子的负面联想。同时，多次的失误会让孩子失去尝试的勇气。因此，父母要稍微控制她们犯错的比例，也就是要多关注她们做得好的地方。

比如，可以这样沟通："之前你还不知道这道题的解题思路，这次考试你都想出三种解法了；虽然最后的结果算错了，但对数学而言解题思路更重要。基础的计算能力多练习就能很快提升的。"这样的沟通，孩子听完后就会感觉自己是真正进步了，也就没有那么恐惧失败了。

四、埋头苦学效果不佳,"二八策略"让孩子自发爱上学习

陈果是一名初三学生,他每天早上6:00起床,简单洗漱后开始背单词、朗读课文,每天的学习时长近16个小时。课堂上,他的笔记更是记录得非常详细、漂亮。如此认真刻苦的孩子,大概就是父母们眼中"别人家的孩子"吧?

可是,陈果的学习成绩,并不是特别优秀,班级排名中等偏下。陈果的妈妈非常忧心焦虑,不知道孩子成绩提高不了的原因。于是与校内老师联系,老师说:"果果这孩子学习认真、也知道努力,但就是有些粗心、接受能力有些差。"刚开始陈果妈妈一直认为,"粗心"和"接受能力差"是因孩子不够专心、甚至是天赋不够所致。

后来她通过自我学习了解到:有些孩子可能学习学科理论知识不是很好,但他们的动手操作能力比较强;有些孩子可能动手操作能力比较差,而他们擅长语言和理论表达。因为不同的孩子都有不同的学习方法和接受能力的差异。

除了每个孩子的学习风格不同,还有什么原因会导致孩子很努力但是学习效果却不佳呢?我们先来看一家全球知名的互联网科技公司是如何激励员工,以使员工取得较佳的个人表现的。

谷歌公司不仅在办公室配备了大量的零食和饮料以放松员工的身心,还有一项独特的关注工作时间的规定:公司员工80%的工作是定额任务的形式,也就是职责范围的工作,而剩下的20%的工作是探索自己的兴趣和研究可能的好项目,也就是员工的自由时间。

表面上看,公司付出工资让员工"玩",但是这样的做法不仅提高了员工的绩效表现,不少新的项目和点子就是从这段自由时间中获得的。也就是说,这20%的自由时间提高了另外80%的工作时间的效率和产出。

那作为老师,可以让孩子们把80%的时间花费在"必修课的学习上",另外20%的时间则是让孩子自己思考要做些什么。有了这个"专属于每个人的20%",孩子们对80%的必修学习的吸收力也会有所提高。

现在提倡寓教于乐,提倡"不读死书"。孩子不是机器人而是活生生的人。如果孩子学习效果不佳,可能就是孩子身心疲惫的结果;长期单一的学科学习确实乏味,而大脑对于乏味的东西不感兴趣,也就处于迟钝状态,学习效果低下也就顺理成章了。

每个孩子天生不同,父母应该给孩子们自由探索的时间,给他们的想象力和创造力留时间和空间,而不是一味逼着他们面对书本和成绩。

第三节 动力篇:让孩子学习干劲十足的绝密加油法

孩子没有学习动力就相当于是一辆车的发动机没有启动,那家长和老师在背后再怎么使劲推也推不动。在影响孩子最终学业表现的诸多因素中,学习动力至少占了八成的比例,换句话说,自己愿意学习的孩子总能找到合适的方法。家长要做的仅仅是激发孩子的内在动力。

第五章 学业提升：无论资质如何，孩子都能有大进步

一、成绩差也无所谓，"三招"重燃孩子学习动力

虽然青春期的孩子看着个头长高了，甚至比父母还要高，但他们心理上也还是个孩子。尤其是男孩子，内心还是很单纯的状态。他们嘴上说着实现人生理想，但其实对于"不好好学习就考不上大学，考不上大学就找不到工作"这样的道理没有太多"感觉"。

要激励一个孩子，就需要用对待孩子的方式来做，因为孩子更容易被眼前看得见、摸得着的东西激励。父母可以参考以下三种激励孩子学习动力的方式：

第一，用"学习+奖励"的模式激发孩子自主性。 为了让孩子尽早开始自主学习，父母需要在家庭中制订一些规则，对孩子所做的事情给予一些奖励，这样可以达到事半功倍的效果。比如，认真写30分钟作业，可以看一段孩子喜欢的短视频。当孩子打开手机难以停下时，父母可以善意地提醒，比如"宝贝，已经看了5分钟了，你可以先写完作业再看"。

不要觉得这种方式好幼稚，连成年人都需要激励不是吗？很多成人周末加班，不也是看看视频再干点活吗？人类的大脑长时间做一件事情会容易疲劳，因此调节一下，干点别的事情也可以让大脑获得休息。

还有的家长担心，如果允许孩子写会儿作业玩一会儿或者给个奖励，会不会导致孩子为了奖励而学习。奖励的作用是引导孩子能够"开始"学习，只有孩子开始了学习，他才有可能在克服困难和探索新知的过程中获得"成就感"和"满足感"。到了那个阶段，孩子才可

能爱上学习本身。

孩子的学习自主性是随着年龄慢慢被激发出来的,不要期望孩子一上学就知道要奋发图强。初中阶段的男孩可能更加向往"打游戏""踢球"等跟学习无关的事情;而这个时期的女孩还在关注某部爱情小说的人物哪个更帅、哪个学校的校服更好看等话题。

为什么孩子一到青春期,父母跟孩子的冲突似乎更多了呢?因为父母总认为孩子已经长大了,应该懂事了,甚至有的父亲还会用对待下属的方式来质问自己的孩子:"你将来到底想要干什么?你自己没有人生规划吗?"但其实,这个阶段的男孩真的没有想过这些问题,至少没有想明白过。

第二,让孩子学习之前,要让他先"热身"。看到孩子不管什么时候都一副磨磨蹭蹭的样子,想必家长们都忍不住想训斥一句:"你作业做完没?"但是,如果你这么吼他,他势必会反击:"你烦不烦!说得我都没心情学了。"

所以,父母应尽量把想吼孩子的冲动压住,用科学的方法引导孩子先从简单的开始,或者从他感兴趣的学科开始。比如,让孩子先做他擅长的数学,开始解题之后,他的学习干劲就不知不觉被点燃了。

你看任何体育比赛都是从简单的动作开始,再增加难度,没有谁一开始就去挑战高难度的动作。当做了热身运动,身体开始发热后,干劲就会逐步被激发出来。人的大脑也是一样,需要"热身",才能把注意力集中到某件事情上。

第三,把学习目标拆分成每天可以实施的"最小片段"。父母往往因为担心孩子的学业而忍不住在他耳边说:"快去学习,你不是要考某某大学吗?"孩子对于这样宏大的目标通常是"无感的",父母说得多了只会激起孩子的反感和厌恶。

家长们会无意识地用对待成年人的方式来对待孩子,比如,大人通常会说:

"你要考取某某中学,所以你初三之前要看完这本学习资料,你从现在开始,要每天看五页。"

就像这样,从目标倒推出实现目标的小步骤,并逐步实施,这是大人们信赖的正确的工作方法。但是,青春期的孩子却很难把自己眼下正在做的事情与未来的目标联系在一起。他们无法因为父母天天说要考上某所大学就能保持学习热情。

我们现在把上面的这几句话调换一下顺序:

"你从现在开始,这本资料每天看五页,那么你初三之前就能看完,最后就有可能考上某某中学。"

前后两种说法意思好像是一样的,效果会有什么变化呢?一开始就讲大目标"考中学",孩子可能会有压力,也可能离目标太远而激发不出孩子的学习动力。

而如果一开始先给孩子具体的、可实施的任务,他很容易上手,并且会因为每天都能完成这个小任务而获得"成就感",只需要每天重复这个简单的任务就可以水到渠成地达成目标,从而降低目标的心理难度。

由此可见,激发学习自主性是一个循序渐进的科学过程,不是突然某一天孩子就开窍了,或者是找了"努力"开关,孩子马上就变了一个样。

二、孩子啥都不想学了,只喂"八分饱"更有探索新知的欲望

花花上小学四年级的时候,她的妈妈认为才艺在孩子升学路上也是一个很重要的考量因素,于是就帮她选了一些兴趣班,比如画画、唱歌、跳舞,但是花花对这些都没有兴趣。

妈妈问花花想学什么,花花说啥都不想学。妈妈很失落地说:"唉,妈妈小的时候喜欢唱歌跳舞,但是外公外婆没钱供我去学。现在我让你选择自己的兴趣爱好,你还不想学。"

学习才艺和额外的学科,对于我们那一代人或许是稀缺的、奢侈的。现在的孩子们非常忙碌,白天在学校上完一天的课,周末和假期还要参加各种兴趣班。他们没有闲暇的时间去拥有自发性的欲望:"我想要……"

现在孩子最大的愿望可能就是啥也不干,好好休息。很多父母因为平时都很忙碌,亲子之间交流和陪伴的时间太少。这样一来,家长内心就会萌生一种愧疚感——我没能顾得上孩子,从而想用金钱去弥补。结果就是给孩子安排各种兴趣班,参加各种体育项目,学习新技能……什么都学,让孩子身心俱疲。

或许对大人来说"玩儿"是消遣,不是"正经事儿",在时间优先秩序上是被排在最后的。但对于孩子来说,玩耍是很重要的,是孩子探索世界、放松身心、发展社交能力的重要途径。但是,现在天天忙于课业的孩子,即使被告知可以去玩耍了,也一脸茫然:"妈妈,要玩什么呀?"甚至很多孩子根本就不愿意出门,就是待在家里打游戏、

玩手机,躲在电子产品的虚拟世界里。

要激发孩子探索、求知的欲望,切勿给孩子安排满满当当的学习计划,只要"八分饱"就够了。中国有句古话"要想小儿安,三分饥与寒",意思就是说要留有余地。家长如果拼命给孩子塞吃的,孩子吃得过饱,就丧失"想吃……"的欲望;而且,孩子还丧失了感知饥与饱的能力。父母的过度介入会打乱孩子内在的感知能力和节奏,这在学习上也是一样的。

<u>如果外在的驱动力大于内在的驱动力,孩子就会丧失对一件事天然的兴趣。</u>比如,一个孩子本来很喜欢踢足球,但是如果父母要求孩子一天踢八个小时,孩子很快就会厌恶踢足球,因为他的兴趣变成了任务,变成了枷锁和压力。

现在为什么那么多孩子厌学,恰恰是因为父母在孩子学习上给的外部压力太多了。孩子本来很喜欢英语,但是被要求每天背一篇英语文章、抄写50个单词,可能对英语的兴趣很快就消失了,最后变成看见英语书就烦了。

大人们的工作也许也是这样。本来工作应该是很有意思的,但工作量实在太大,导致整个人力不从心,反而心生厌倦。如果孩子对啥都不感兴趣了,家长可以思考一下是不是管得太多了。

三、孩子缺乏上进心,全家一起战斗重燃他的求胜欲

小帅上小学六年级,成绩在班里一直就是中等偏下,他自己对成绩的好坏并不在乎。有一天全家一起吃晚餐时,爸爸为了鼓励小帅就跟他说:"儿子啊,马上要升初中了,你要加把劲啊!爸爸妈妈当年

学习的时候都很刻苦,条件没有你们现在这么好。"

"可是,爸爸,我只想做个快乐的普通人!"小帅不紧不慢地说道。

爸妈听完顿时愣住了,沉默了几秒钟,妈妈那忍耐了很久的不满和愤怒终于喷发出来:"每天上班下班都要挤公交、挤地铁,没有位置就要一直站着,挤到公司已经筋疲力尽了,你还快乐吗?"

"每天回到家已经累得够呛。还要买菜做饭,要不然就得天天吃盒饭,你还快乐吗?"

"当你的工资不高买不起房子时,你得不停地搬家,不仅不能装修别人的房子,还要忍受哪天房东不高兴就赶你走人,那个时候你还快乐吗?"

一连串的发问,让一个不谙世事的孩子完全接不上话来。孩子活在象牙塔里,他们的世界很简单,可能只有学习、考试、交朋友。如果用生活的残酷去教育孩子,可能只是父母发泄了情绪,而孩子还是理解不了。

我们那一代人,小学的时候可以无忧无虑地玩耍。现在的孩子从小学三四年级开始,就要每天面对繁重的课业。只要家长理解了这一点,就不会自己坐在沙发上玩手机,还教导孩子要认真写作业。

不管家长工作多么辛苦,即使是因为应酬而喝得烂醉,孩子也不会完全理解。他们所看到的就只是眼前的父母的样子,所以老话才会说"身教大于言传"。父母能拿起书本阅读,孩子才会爱上阅读;父母回到家还在处理工作、提升自己,孩子才会理解父母的努力拼搏,并以此为榜样。

当父母抱怨孩子不求上进、不思进取、甘于平庸的时候,要先看看自身的家庭氛围是否有利于激发出一个孩子的成就欲。父母为了生活努力拼搏的样子,就是给孩子心里种下一颗积极上进的种子。

跟孩子一起奋斗时,要切忌两件事:

(1)不要把孩子当成下属或者员工。有的父母在工作岗位上是领导,会不自觉把领导的作风带到孩子身上,对孩子"说教"。即使孩子在语言上无法反驳,也会在心里产生抵触和对抗情绪。

曾经有一位父亲在儿子没能遵守约定好的学习计划时,指着计划表格训斥孩子:"你连60%都没完成,这计划是不是等于白做了?"说这话的语气像极了责骂自己没有达到业绩指标的下属。

<u>孩子不是成年人,更不是下属,父母居高临下的态度不仅会激起孩子不满,认为父母根本就不理解自己、不了解情况,还会破坏亲子关系,失去孩子对父母的信任和依赖。</u>

(2)不要道德绑架孩子。父母为了使孩子能理解生活的不容易,经常会对孩子说:"妈妈小时候或者爸爸以前如何辛苦"之类的话,目的是让孩子知道他现在过的生活已经比父母的年代好很多。但对于没有经历过的事情,孩子终究是不能真正理解的。不仅如此,还会激起孩子的厌恶,他们认为时代已经变了,而父母还在说着老一套,以此让孩子感到没有努力学习就应该愧疚。

诸如"要不是因为你……""我都是为了你好"之类的话也需要谨慎使用。虽然这些话有时出于好意和关心,但孩子可能会在心里想"算了吧,我又没让你为了我""你为了我好就别打我骂我呀"!

总之,面对这个时代的孩子,家长就算搬出自己成长的那个时代的奋斗论也没用。要激发孩子的上进心和学习动力,最重要的是传递给孩子"爸爸妈妈和你在一起,我们全家一起努力"的信息!而不是传递给孩子"你应该努力,否则就对不起我们"这样的道德绑架。

四、成绩在班里垫底，善用"睡前十分钟"就能获得进步

小华上六年级了，但是因为个子矮小，经常被误以为是三四年级的学生。他在学业上成绩平平，性格安静、懂事，总之就是在班里的存在感不强，很多同学可能都没注意到他的存在。

他的爸爸妈妈在外做生意，平时也很忙碌，小华晚上放学后经常去朋友家玩到七八点才回家，因为就算早回家家里也没人。小华妈妈在一次家长会跟老师沟通："我们也希望他能进步，但是不知道该怎么办，他的基础很差，似乎很难有进步的空间。"

其实，只要方法用对，孩子在任何时候都可以取得进步。很多孩子为什么会渐渐放弃，那是因为他们在努力向上的过程中没有得到及时的指导和帮助；在经历一次又一次的挫折之后，孩子就会告诉自己："算了，我不行！"

父母帮助孩子的方式，不见得是要多报几个补习班，而是在日常生活的方方面面一次次给孩子确认"他能行"这样的信念。每个孩子都有自己的优势和特长，就算暂时在成绩上比不过别的孩子，但总有其他方面可以给孩子信心和鼓励。比如，小华很安静、不给别人添麻烦，这也是一种体谅他人的表现。

父母只要能够看到孩子的一点进步和优点，及时给予肯定，就能让孩子一次次确认"自己能行、自己有价值"这样的信念。这就叫作"优势放大"。

孩子对自己的认可不是通过"宝贝你真棒！""宝贝你真聪明"这

样模糊和空洞的表扬而产生,是通过他实实在在做成了一点小事、有一点点小进步而累积起来的真实的自信。

提高孩子自信特别有效的方法之一是,让孩子在睡前复习他擅长的题目。在一天结束之际,若孩子带着有所增强的自信心入睡,可以提升他的自我肯定感,让他以积极的状态投入第二天的学习中。

反之,如果他抱着学得很不理想的想法结束一天,那么就会越发消极。教育家米希尔·伯巴曾经说过:"一天中亲子陪伴最高效的时间段,有一个便是晚上睡觉之前,这段时间是父母与孩子互动的黄金期。"

除了关注学业,父母也可以跟孩子聊聊天,表达对孩子的关心。良好的亲子关系是家庭教育的基础,因为只有父母跟孩子之间建立了亲密关系,孩子才更愿意接受父母的教育。否则,父母说话孩子都不愿意听,也就无从谈起教育二字了。

第四节 方法篇:让每个孩子都能十倍提升学习力的方法

托马斯·爱迪生曾说:"天才是99%的努力加上1%的灵感。"绝大多数人都只是普通人,想要考上理想的中学、大学,需要通过科学的方法和后天的努力。

一、认真听课成绩还上不去,"闭环学习法"让知识内化

萌萌上初一,她成绩不算拔尖,但学习还是很认真的,下课也按

时完成老师布置的作业。可是,成绩很难有明显的提高。萌萌妈妈跟班主任沟通过这个问题,老师的反馈是课堂进度很快,孩子可能练习得不够。

一个完整的学习过程应包括"学"和"习",我们可以将其分解成以下几个步骤:

(1)预习。通过课前预习,能够锻炼和培养阅读、理解、分析、综合等多种能力,可以提前发现学习的难点和重点,增加孩子学习的信心。带着问题去听讲,也提高了课堂学习的效率。长期坚持预习也能培养孩子的自学能力。到了中学阶段,孩子学习成绩不理想往往是因为自学能力差。

(2)上课听老师讲课。上课认真听讲是获得知识的主要途径。老师在课堂上讲的都是重点和精华,这样能提高学习效率。通过跟同学的讨论还能拓宽思路,锻炼学生的语言表达能力。

(3)练习(作业)。课后练习能够巩固所学知识。通过练习,学生能够更加深入地理解知识点,强化记忆,使知识得以扎实掌握。课后练习还可以提高学生的逻辑思维、分析问题和解决问题的能力。

(4)复习与总结。复习起着承上启下的作用,能把新知识和旧知识联系起来。同时,复习还能加深对知识点的理解,查缺补漏。人的大脑是有遗忘规律的,为什么有的孩子学习很努力但是效果却不理想?因为没有按照大脑的遗忘规律去记忆知识点。

(5)测试(考试或者叫实操)。测试就是发现问题、检验学习效果的重要环节,是把被动接受变成主动输出的过程,是由接收单个知识点到知识体系的整体配合的过程。比如,要解出一道几何题,孩子需要掌握基本的概念、定理、公式,还要知道它们之间的关系,并且利用这些关系通过已知条件求出未知的得数。

测试的方式有很多种,在家里可以让孩子给父母当小老师,把学习到的知识点给父母讲解一遍,讲解的过程就是考验综合学习效果的过程。自己没有掌握的东西是不可能给别人讲清楚的,所以教别人是最好的学习方式。

通过以上五个步骤,孩子才能扎扎实实掌握新的知识点。如果父母还在苦恼孩子明明认真听讲了,成绩还是不好,那就看看另外几个步骤是否也做到位了呢？这五个步骤是不断循环的,所以我将其称之为"学习闭环"。

二、基础知识记不住,采用"三问法"想忘记都难

晓晓马上上初一了,妈妈变得越来越焦虑:这孩子好像学啥都不走心,上课似乎也听讲了,课后也完成作业了,但为啥一考试就只有六七十分。

妈妈翻看晓晓的卷子,发现不管是语文、英语还是数学,晓晓的基础打得都不牢。比如,语文很多字写错了;英语很多单词不会写;数学基本的概念没弄清楚。为了给晓晓补上基础,妈妈想了很多办法,甚至一放寒暑假,就叫孩子抄字帖、背英语单词。但无论妈妈怎么努力,晓晓就像一个绝缘体——那些知识就是讲不去她的脑袋。

很多孩子对于基础知识复习了很多遍,但其实只是在低水平上重复了很多遍,并没有质的提升,那极有可能是因为学习方法不当,家长可以参考"三问法"去帮助孩子。

什么是三问法呢？比如,课上老师讲的知识点,孩子可以问自己

三个问题:我理解了吗?我能用自己的话讲出来吗?我能写下来吗?把这些问题解决了,知识点也就掌握牢靠了。

再举个背文言文的例子,一篇文言文能不能做到三点:能读、能写、能背。

第一,读其实一点都不难,但是很多孩子连这一点都做不到。虽然每个字都认识,但并不知道具体字在现代汉语的意思,那就会读得磕磕绊绊。如果是这样,那就针对某个字或者词用"三问法"去搞懂它。

第二,重点的字、词、句,在读准的情况下,要会默写。这一点,很多成绩中等的学生,也未必能全部做到。如果做不到就必须回到前一步,把字、词、句逐个击破。

第三,背诵,就是重点的段落、文章要求会背,一定要会背。这一点在英语、语文的学习中尤为重要。背诵不是死记硬背,是培养语感、加强记忆、增进理解的方式。"熟读唐诗三百首,不会作诗也会吟",就是告诉学生,背诵是感知语言节奏、韵律的最好方式。

数学、物理、化学中的基础概念、公式、定理也是要求背诵的。所有的读、写、背,都要求准确,不能似是而非,大致准确不行,必须完全准确。这又涉及另一个学习的奥秘:学习是一个不断重复的过程。

为什么需要重复复习?因为大脑有它自己的遗忘周期。在一定时间内不复习,就会被大脑遗忘。关于如何按照大脑的遗忘规律来高效学习,孩子们可以参考"艾宾浩斯遗忘曲线"。

市面上有很多根据艾宾浩斯遗忘曲线设计的记忆单词、汉字的第三方应用,父母可以将其作为孩子学习的辅助工具。通过一次次的重复记忆,就能把大部分知识,学到精熟,从而达到长久记忆。

很多孩子会说背诵特别枯燥且不愿背,其实背诵也可以有很多形式,但总体的原则就是参与的感官越多,记住的概率就越大。比如,一边读一边用手在纸上写;或者把古诗词唱出来、表演出来都能加深记忆。

对于理科的概念、定理、公式,最好的记忆方式还是要理解本质,通过理解来记忆。比如,除法的本质是什么呢?是把一个数平均分。孩子最初学除法,可以通过把一堆积木平均放进几个盘子里来深刻理解除法的含义。深刻理解的东西更容易记牢,因为大脑对这个信息进行了深度加工,更容易记住。

三、期末复习量太大,"视觉思考法"把课本读成一页纸

一到期末复习的时候,成堆的复习资料简直让孩子很崩溃。天天忙于应付作业和任务,相当于还是囫囵吞枣地过了一遍,脑子里面对于一学期到底学了什么是不清晰的。

这个时候就需要用到"视觉思考法"——简单来说就是把自己的想法用图的形式画出来。人们经常说"一图胜千言",这是有科学依据的。研究显示,通过听觉获得的信息,只能记住 10%;透过文字,是 20%。经由图像,则可以记住 80%。

人脑的大多数区块都用来专门处理视觉信息。视觉神经科学领域的近期研究结果显示,人脑活动总量的近 2/3 都用于支持视觉功能。丹·罗姆的《一页纸创意思考术》的主题就是视觉化思考,就是用画图来思考问题、解决问题。

那视觉思考法的好处是什么呢?首先,大脑本身更善于理解和

记忆图片信息；其次，画图比起文字表达要简单得多，减少了大脑的记忆和理解负担。

那视觉思考具体要怎么画图呢？画成什么样的图呢？不擅长画图的孩子怎么办呢？这里推荐思维导图。思维导图(The Mind Map，又名心智导图)，运用图文并重的技巧，把各级主题的关系用相互隶属与相关的层级图表现出来，把主题关键词与图像、颜色等建立记忆链接。

发散性思考是人类大脑的自然思考方式，每一种进入大脑的信息，不论是感觉、记忆或是想法——包括文字、数字、符码、香气、食物、线条、颜色、意象、节奏、音符等，都可以成为一个思考中心，并由此中心向外发散出成千上万的关节点。

每一个关节点代表与中心主题的一个联结，而每一个联结又可以成为另一个中心主题，再向外发散出成千上万的关节点，呈现出放射性立体结构。而这些关节的联结可以视为记忆点，就如同大脑中的神经元一样互相连接，最后构成一个个人数据库。

举个例子，让孩子列举出厨房里有什么。厨房里可能有炊具、餐具、家具。那炊具又包括什么呢？可能有煎锅、电饭煲、电烤箱、锅铲。餐具、家具分别有什么呢？通过思维导图把所有物品串联起来然后形成一个记忆链条。

当所有零散的知识点通过某种分类方法被连接起来之后，就变成了知识链。记住一个就可以带动无数个，就可以把一本书提炼成一张思维导图写在一张纸上，大大降低了记忆难度。

很多孩子学习知识只会死记硬背，不会将知识联系起来，随着时间的推移，当所学的知识不断增加时，就会感到内容繁杂、头绪不清，记忆和理解负担加重。

事实上,任何一门学科都有自身的知识结构系统。思维导图就是画出这个结构系统,帮助我们从整体上把握知识。学习每一部分内容都要弄清其在整体系统中的位置,这样做往往使所学知识更容易把握。

四、每科成绩都一般,"单点击破法"马上提升学习效果

秋君的爸爸妈妈都忙于做生意,她从小跟爷爷奶奶一起生活。她的妈妈很重视她的学习,几乎每天都要跟秋君通电话了解她的学习情况。

虽然妈妈盯得紧,但秋君的综合成绩在班里也只能算中等偏下的水平。上到初一的时候,她的妈妈一咬牙给秋君找了五位补课老师,每门主科都有一对一老师讲解、补习。

这样的高强度学习不仅花费了大量的金钱,而且也占用了孩子所有的课余时间。到了初三上学期,她的妈妈放弃了,她说:"为了这个小孩,我拼尽全力了,她自己不争气,我也没办法了。"

在现实中有很多总成绩一直停滞不前的孩子,好像怎么努力也上不去。甚至,一些学业优异的孩子在某段时间也会遇到成绩停滞不前的时候。父母焦虑,其实孩子也会感到焦虑。

一焦点就容易用力过猛,就像秋君的妈妈那样,什么都想抓,但往往收效甚微。孩子的精力是有限的,不要同时让他去攻几门学科,这样压力会很大。

如果一下子要攻克多门学科,成绩却又上不去,那么孩子就会丧失自信,会感觉"不管再怎么学都提高不了成绩,我已经无能为力

了"。实际上,恰恰因为同时要提高几门课的成绩,在每门课上所花的时间又都一样,最后的效果其实未必会好。

如果集中精力攻克一门学科,效果则大不一样。看到成绩提高了,孩子才能慢慢找回自信。尤其是男孩子,他要看到进步,才会产生信心。只要一门学科成绩提高了,他就会认为其他科的成绩也是可以提高的。

这时候,如果家长鼓励孩子:"你肯定能考上某某中学的,你看你不是做得很好嘛,英语和历史也按照这个方法去努力吧。"那么孩子就会全力以赴,对不擅长的学科也会下功夫苦读。

以上是通用的学习方法,以下附上家长比较关心的基础学科,比如语文和数学的学习方法建议,仅供参考。

(1)只要这样做,每个孩子都能学好数学。

数学最大的特点是连贯性和逻辑性特别强,从小学一年级到高三,学习的知识点是一环扣一环的。

比如,一个孩子没有掌握一位数的加减乘除,就解不开两位数的题目。如果不懂得什么是除法里的余数,就很难理解小数的概念。数学学习并不需要所谓的"天赋",而是遵循一定的规律,只要按照正确的步骤,每个孩子都能学好数学。

规律一:循序渐进,夯实每一章节的知识点。如果孩子的数学成绩总是没有起色,与其让他不断复习现在所学的部分,倒不如让他回过头看看是被前面的哪个部分给绊住了。此外,要让孩子反复练习这个部分,直到真正掌握之后再从此处重新出发。

规律二:数学成绩与练习时间成正比。不管是小升初还是初中升高中,要考的知识点其实是公开的。数学课本和市面上的配套练习题里囊括了95%的考试题型。

数学需要的阅读量和记忆量比其他学科少很多,孩子记住了基础的概念,多花时间反复做练习题就能快速提高成绩。

规律三:九九乘法表和基础的公式要烂熟于心。一个孩子如果熟练记忆乘法口诀,那么他计算一道题的速度可能会比别的孩子快2~3秒,那一整张试卷几百道题加起来,他可以比别的孩子快多少呢?

再比如,碰到"三十二分之八时",学习好的孩子一开始就会意识到"分母和分子要同时除以8"。学习较差的孩子则是先除以2,得出"十六分之四",再折腾一番,最后才得到"四分之一",时间就是这样被浪费掉的。

规律四:读不懂题目的孩子,试试画草图。数学题审题很重要,孩子需要通过读题目弄清楚已知条件是什么、所求是什么、已知和所求的关系是什么、题目要求答题的方式和形式是什么,等等。这主要涉及孩子的阅读理解能力,当题目中出现的数据比较多,数据之间的关系比较复杂的时候,有的孩子就绕晕了。

比如,有这样一道题:"一辆车从地点 A 往西以时速 50 公里的速度移动。而现有另一辆车从距离地点 A 往东 10 公里处的地方,于 20 分钟后向西出发以时速 80 公里的速度追赶它,那么几分钟后会在距离地点 A 多少公里的地方追上它呢?"

阅读理解能力较弱的孩子要彻底理解题目本身,需要花费一定的时间。但是如果孩子在草稿纸上画出表示这两辆车位置的草图,对于位置、距离的理解就更清晰了。图片比抽象的文字更容易理解。

不管是计算题列竖式,还是几何题画图形,还是代数题列方程式,都是在考察孩子利用图形来思考的能力。

(2)语文学习四板斧,功夫都在课堂外。

语文学习的核心是什么,我认为就两个字:积累!语文包含的内容特别多,是一项大工程,从拼音、识字、句式、段落到阅读理解、写作、文化常识等。家长可以从以下几个方面引导孩子的语文学习:

①让孩子接触多样化的词汇表达。很多孩子一写作文就是记流水账,翻来覆去用的就是那几个词语,比如形容的漂亮,只用"美丽"二字,形容树、天空的美,还是用"美丽"二字,想不出用其他词。词汇量是语文写作和阅读理解的基础。

孩子接触到的语言环境很单一,日常生活用到的词汇也几乎都是重复性的、固定的词语。

家长们可以用更多样化的语言与孩子就各种领域的话题进行交流。此外,可以陪孩子看一些高质量的纪录片,这样不仅增加了孩子的知识量,也丰富了词汇量。

②朗读文章,不仅培养语感还提高阅读速度。语文的阅读理解能力是重点考察能力,也是学习其他学科的基础。

高年级的语文题目越来越看重孩子理解长篇文章的能力,如果孩子平常不怎么阅读,就更需要进行"朗读"训练。父母一开始不要塞给孩子一些晦涩难懂的书,以免引起他们的反感。刚开始训练时,最好给孩子找一些他感兴趣的内容,例如,喜欢篮球的孩子,可以读一些球星自传之类的文章。

③语文是"活的",孩子们要关注时事,要关注日常生活的方方面面。

语文考题不仅仅是考察字、词、句的理解和记忆,还要涉及很多社会事件,父母可以跟孩子一起看新闻或者看些时事漫画,扩充孩子的知识,为作文写作提供素材。

④读万卷书,更要行万里路。大女儿上小学三年级的时候,有一天突然问我:"妈妈,什么是庭院?"我才惊讶地发现她确实没有见过庭院,于是只能在手机上搜了很多庭院的照片给她看。

类似的例子还有很多,比如,她知道"层林尽染"这个词,但是让她描述层林尽染的时候,孩子一脸的茫然。诗词歌赋里那些美妙的场景,孩子如果完全没有体验过,那他怎么可能写出真情实感的文章呢?

孩子只有多看、多听、多感受,才能真正把课本里的语文知识变成灵活应用的语文能力。

第六章

升学规划：先人一步，帮孩子迈进理想的大门

升学是许许多多父母最为焦虑的事情，从孩子上幼儿园开始，他们就在担心孩子能否顺利进入好的小学、中学和大学。父母们都生怕自己的孩子会"输在起跑线上"。如果孩子的学业成绩只是中等，或者暂时落后，父母们就会忧心忡忡，担心孩子将来缺乏竞争优势，难以找到好的工作，甚至无法过上满意的生活。

然而，绝大多数父母并不了解，升学并非只有进入所谓的"好学校"这一条路可走，也并非只有通过激烈的成绩竞争才能赢得高考的胜利。除了学业成绩，孩子们还可以通过展示自己的艺术特长、科技特长、运动特长等多种方式来获得心仪学校的青睐，从而避免陷入成绩竞争的漩涡。只要父母们的认知正确，从制订升学规划的第一天起，他们的孩子就已经踏上了最适合自己的发展道路。每一步前行，都将使孩子离自己的理想更近一步。

第六章 升学规划：先人一步，帮孩子迈进理想的大门

第一节　了解天赋：找对赛道，孩子才可能领先

要为孩子做升学规划，首先得了解孩子的天赋特长，扬长避短才能找到最适合的道路。让小鸟去游泳、让鱼儿去飞翔，或者让孩子去做他不擅长的事情，都是事倍功半的。因材施教才能激发孩子的优势潜能。

一、皮纹测试，快速了解孩子的先天特质

顾名思义，皮纹测试就是通过对手掌皮肤和指纹的采样来分析大脑发育的先天遗传信息，从而了解孩子的左右脑功能分布、先天性格及多元智能等内在特质。这为家长提供了一个新的维度来了解孩子。

皮纹测试声称其符合多元智能理论，可以检测出孩子在语言、逻辑数学、空间、音乐、体育运动、人际关系、自我认知及自然观察这八大领域的智能倾向。然而，这一说法受到了一些科学家的质疑，包括多元智能理论的提出者——美国心理学家、哈佛大学教授霍华德·加德纳。

皮纹学发展到现在，的确已经成为现代科学中的一门分支，但主要的研究方向多集中在身份识别、遗传性病理检测等方面。而指纹和大脑容量之间如何相关、有无因果联系，目前国际与国内医

学界都未确切证实。所以,皮纹测试仅仅提供了一个父母了解孩子的渠道和方式,一个方向性的建议,家长一定要结合实际情况来甄别。

在实际操作中,有部分家长反馈:皮纹测试可以在某种程度上了解孩子的某些特质,能够帮助家长更全面地了解孩子,更好地处理亲子关系,并且为孩子选择学业和职业上提供的参考。如果家长决定带孩子去做皮纹测试,需要留意以下几个要点:

(1)谨慎对待结果。皮纹测试在科学界仍然有争议,因此测试结果仅仅作为一个参考,并不适合用于做出重要的个人决策。

(2)寻找合格的测试者和解读者。建议寻找专业的测试者或从事类似研究的机构,以确保测试过程的专业性和可靠性。测试报告的解读非常依赖测试者的专业性,并且解读者要具备相当的心理学和教育学的知识才更能给到家长建议和意见。

(3)了解测试方法。在进行测试之前,了解测试者将采用的具体方法和步骤。确保测试者能够清楚解释测试的原理和结果解读方式。

(4)保护个人隐私。如果测试需要提供个人信息或拍摄个人部位的照片(如手掌、指纹等),确保测试者遵守隐私保护政策,不会将你的个人信息用于其他目的。

(5)参考其他信息。对于孩子天赋特质的了解需要结合多种手段,在做皮纹测试同时还可以参考心理学家、社会学家等专业人士的意见和建议,以获取更加可靠的信息和指导。

以下附上几张皮纹测试的测试报告截图,仅供参阅。

第六章 升学规划：先人一步，帮孩子迈进理想的大门

先天优势数据总表

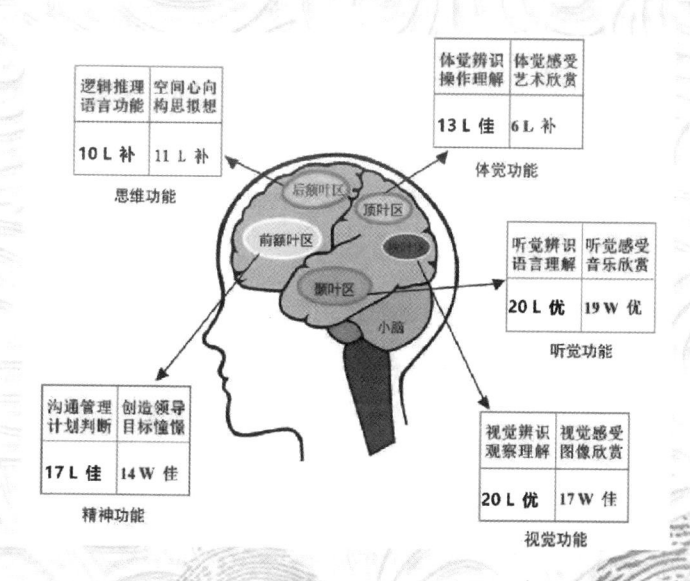

逻辑推理 语言功能	空间心向 构思摹想
10 L 补	11 L 补

思维功能

体觉辨识 操作理解	体觉感受 艺术欣赏
13 L 佳	6 L 补

体觉功能

听觉辨识 语言理解	听觉感受 音乐欣赏
20 L 优	19 W 优

听觉功能

沟通管理 计划判断	创造领导 目标憧憬
17 L 佳	14 W 佳

精神功能

视觉辨识 观察理解	视觉感受 图像欣赏
20 L 优	17 W 佳

视觉功能

先天潜能总值（TRC） __147__　　　　左右脑分布 __左脑型__

先天行为风格 __动机型__　　　　敏感指数（ATD） __38.50__

先天学习类型 __听觉型__　　　　坚持指数（ARC） __1.30__

先天性格类型 __整合兼模仿型__　　性格色彩 __活泼型（红色）__

艺术天赋：音乐 __17__　　绘画 __16__　　舞蹈 __2__

177

先天潜能总值（TRC）

先天潜能总值（TRC）的分值并不代表人的聪明与否，它反映人脑细胞的活跃度。由此数值了解一个人的**记忆类型、专注力和思考方式**三个方面。

脑细胞之间彼此借着互相的连结，而构成了"神经网络"。"神经网络"连接的数量越多，"神经网络"越大，则大脑功能越强。

正常人群标准范围：60—140

你的先天学习潜能总和＝   147

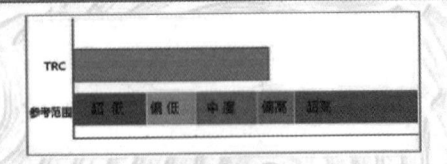

	记忆类型	专注力	思考方式
高于140	属于短期记忆，记得快，忘得快，需要经常性复习学习速度快，现学现用	专注力低，适合多元化发展	思维方式复杂，想法丰富灵活
低于140	属于长期记忆，记得慢，记得牢，需要一次性掌握学习速读较慢，长期稳定	专注力高，适合专注某一领域	思维方式简单，想法简单单一

你的特点和建议：

先天潜能偏高。
1. 短效记忆较好，长效记忆略弱。
2. 学习时需要适当增加重复次数，以便强化长期记忆。
3. 对于较为简单枯燥的基础知识，应予以更多的重视与重复。
4. 学习潜能较高，有利于全方位学习和多元发展。
5. 适合具有挑战性、多元化的学习方式。

先天学习类型

大脑区域中各位置担负着不同的主要学习功能及使用不同的学习管道,分为体觉、视觉、听觉,且依孩子个体的差异来做顺序的排列,每项学习管道皆有其特质,掌握优势学习管道进行学习势必事半功倍。

孩子应用最强学习管道学习,速度最快、效果最好。

你的先天学习类型属于=	听觉型

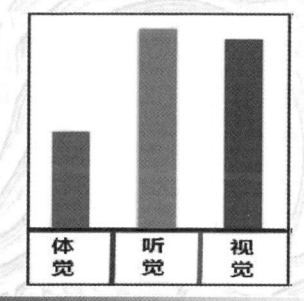

你的特点和建议:

1. 将注意力放在听觉方面的学习方式。
2. 对音调、音响、语音、语言等的印象比较深刻。
3. 喜欢用语言、语音、音响来了解及记忆。
4. 容易被环境中的声音影响专注力。
5. 用讨论或交谈更容易吸收知识。
6. 通常会用"问"和"讨论"的方式来学习。

二、MBTI人格测试，了解孩子的一扇窗

MBTI（myers-briggs type indicator）是一种用于测量和理解人格特征的工具。它基于卡尔·荣格的心理类型理论，由伊莎贝拉·梅尔斯·布里格斯和凯瑟琳·库克·布里格斯开发而成。

MBTI通过将个体的心理特征分为四个维度，每个维度包含两个相对的特质，共计16种不同的人格类型。这四个维度及其相对特质是：

（1）态度取向（attitude）：

①内向（introversion, I）：关注内部世界，更倾向于独处和自省。

②外向（extraversion, E）：关注外部世界，更倾向于社交和行动。

（2）认知功能（perceiving and judging）：

①感觉（sensing, S）：关注具体细节，偏向实际和具体的经验。

②直觉（intuition, N）：关注整体概念，偏向未来和抽象的想象。

（3）信息处理（information processing）：

①思维（thinking, T）：基于逻辑和客观分析做决策。

②感情（feeling, F）：基于价值观和情感考量做决策。

（4）生活方式（lifestyle）：

①判断（judging, J）：偏向有组织、计划和决断。

②知觉（perceiving, P）：偏向灵活、适应和观察。

根据个体在这四个维度上的偏好，MBTI将人格类型分为16种，如ISTJ（内向、感觉、思维、判断）或ENFP（外向、直觉、感情、知觉）等。每种类型都有其独特的特点、倾向和行为风格。

MBTI 在一些情境下有一定的应用和认可度,例如团队建设、职业发展和个人成长方面,但也存在一些争议和质疑,主要是关于其科学性和测量效度方面的问题。因此,在使用 MBTI 进行人格测试时,应当理性对待结果,并结合其他可靠的评估工具和专业意见进行综合分析。

MBTI 人格测试通常被认为适用于青少年和成年人群。具体来说,MBTI 的设计初衷是为了帮助个人更好地了解自己的人格特征和行为倾向,从而在个人发展、职业规划、团队建设等方面提供指导和启示。

一般而言,青少年在心理发展上已经具备一定的成熟度和自我认知能力,可以通过 MBTI 测试了解自己的个性特征,并在学业、人际关系等方面有所启发。但在测试过程应当特别关注保护其隐私和心理健康,避免给他们带来不必要的压力或焦虑。并确保测试过程符合专业的伦理标准和实践准则。

以下是一份 MBTI 人格测试的范例,仅供参阅。

MBTI 测试结果为 INTJ(内向、直觉、思维、判断)类型。

内向(introversion):您倾向于反思和自省,更喜欢独自工作或与小团体合作。

直觉(intuition):您善于看到整体和未来趋势,注重理念和概念的积累。

思维(thinking):您倾向于基于逻辑和客观分析做出决策。

判断(judging):您喜欢有计划和组织性,善于设定目标并坚定执行。

基于以上特质,以下是一些关于学业和职业方面的建议:

学业建议：

选择理论性强的学科：由于您对理念和概念感兴趣，可以考虑选择理论性较强的学科，如哲学、心理学、计算机科学等。

注重研究和创新：在学术研究方面有很大潜力，可以参与研究项目或进行科学实验，发挥自己的创新能力。

自主学习和独立思考：善于独立思考和自主学习，可以利用自习时间深入学习感兴趣的主题，并形成独特的见解和观点。

职业建议：

科学家或研究员：适合从事需要理论分析和研究能力的职业，如科学家、研究员、数据分析师等。

策略规划师：可以考虑从事策略规划或项目管理等职业，通过设计和执行计划来实现目标。

独立顾问或创业者：由于善于独立思考和执行，可以考虑成为自由职业者、独立顾问或创业者，发挥自己的创新和领导能力。

需要注意的是，以上建议仅供参考，实际选择应结合个人兴趣、价值观和能力，同时也要考虑当前的学习和职业环境，以及未来的发展趋势。建议您在做出决策时，也可以咨询相关专业人士或进行进一步的自我探索和实践。

三、韦氏智力测试

韦氏智力测试是一种广为人知的智力测验，由美国心理学家戴维德·韦斯特林德于20世纪中期设计并推出。这个测试旨在评估个体的智力水平，包括智力的各个方面，如语言能力、逻辑推理、记忆力等。

韦氏智力测试分为多个版本,主要有韦氏成人智力量表(WAIS)和韦氏儿童智力量表(WISC)。WAIS 主要用于成年人的智力评估,而 WISC 则适用于儿童和青少年。

这些测试通常包括各种不同类型的题目,例如填空题、图形推理题、数字序列题等,以评估被测试者在各个智力领域的表现。测试结果会根据被测试者的得分,以标准化的方式进行解释和比较,从而确定被测试者的智力水平在整个人群中的位置。

韦氏智力测试被广泛用于学校、临床和研究等领域,用于评估个体的认知能力和发展水平。然而,需要注意的是,智力测试结果并不是评估个体全部能力和潜力的唯一标准,还需要考虑其他因素,如情商、社交能力、创造力等。因此,在使用韦氏智力测试或任何其他智力测验时,都应该结合其他评估工具和专业意见,综合分析个体的整体能力和发展状况。

韦氏智力测试被认为是一种相对科学和可靠的智力评估工具,但也存在一些争议和质疑。以下是关于韦氏智力测试科学性的一些观点:

(1)可靠性和效度:韦氏智力测试在测试者群体中已经经过广泛的标准化和验证,具有相对良好的可靠性和效度。测试结果可以在一定程度上反映被测试者在不同智力领域的表现,如语言、推理、记忆等。

(2)多因素评估:韦氏智力测试不仅评估了智力总体水平,还分析了不同的智力领域,如工作记忆、推理能力、处理速度等。这种多因素评估有助于更全面地了解被测试者的认知能力。

(3)常用于临床和研究:韦氏智力测试在心理学、教育学和临床领域被广泛应用,用于评估个体的认知发展水平、智力障碍、学习困难等。许多研究和临床实践都使用了韦氏智力测试作为评估工具。

尽管韦氏智力测试具有上述优点,但也存在一些限制和批评:

(1)文化因素影响:智力测试结果可能受到文化因素的影响,测试内容和形式可能对不同文化背景的个体产生不同的影响,因此在跨文化评估时需要谨慎处理。

(2)单一视角:智力测试主要从认知能力的角度评估个体,但并未考虑其他重要因素,如情商、创造力、社交能力等,因此测试结果可能并不完全反映个体的整体能力和潜力。

综合来看,韦氏智力测试被认为是一种相对科学和可靠的智力评估工具,但在使用时需要考虑到文化因素、个体差异和其他评估方法的综合应用,以获得更全面、准确的评估结果。

四、孩子的天赋早就藏在日常里

某知名华语电影导演,从小就展现出了对音乐的浓厚兴趣。他的父母经常在家中听到他弹琴的声音,旋律优美而充满情感。有一天,他的父母注意到他对音乐的热情,决定给他报名学习钢琴。虽然他最后选择改学电影,父母不理解但仍然支持儿子的选择。

每个孩子都是独特的个体,拥有着自己独特的天赋和特长。作为家长,我们可以通过日常生活中的观察和互动,发现孩子潜藏的才华和潜能,为他们的成长提供更有针对性的支持和指导。

(1)观察兴趣爱好:孩子的兴趣爱好往往反映了他们的天赋和特长。比如,喜欢画画的孩子可能在艺术方面有潜力;热衷于解决问题和探索的孩子可能具备科学探究的能力;热爱音乐的孩子可能在音乐方面有出色的天赋。因此,我们可以通过观察孩子的兴趣爱好,发现他们擅长的领域。

(2)注意学习表现:孩子在学校或家庭学习中的表现也可以反映出他们的天赋和特长。比如,喜欢阅读并能够理解深层次含义的孩子可能在语言和文学方面有天赋;擅长逻辑推理和数学计算的孩子可能在数学和科学方面有特长。因此,我们可以关注孩子的学习表现,从中发现他们的潜能。

(3)观察社交互动:孩子在与他人的互动中展现出来的能力和倾向也是发现天赋和特长的重要线索。比如,善于沟通、组织和领导的孩子可能在社交和团队合作方面有天赋;喜欢帮助他人、体贴周到的孩子可能在情商和人际关系方面有特长。因此,我们可以观察孩子与他人的互动,发现他们在社交和人际方面的天赋。

(4)鼓励多样化体验:为了更全面地发现孩子的天赋与特长,我们可以鼓励孩子参与各种不同的体验和活动。比如,参加艺术班、音乐课、科学实验营等,给孩子提供多样化的学习和发展机会,从中发现他们的潜能和兴趣。

(5)倾听孩子的心声:最重要的是,我们在倾听孩子的心声时,了解他们的想法、感受和愿望。孩子可能会通过言语、行为或情绪表达出自己的兴趣和潜能,我们需要给予足够的关注和支持,引导他们走向适合自己的发展道路。

总而言之,通过日常生活中的观察、互动和体验,我们可以发现孩子的天赋与特长,并为他们的成长提供更有针对性的指导和支持。关键在于关注孩子的兴趣、学习表现、社交互动以及倾听他们的心声,从中发现他们独特的才华和潜能,帮助他们实现更好地成长和发展。

第二节 升学路径:条条大路通大学,无须再挤独木桥

父母了解了孩子的天赋特长,更加有利于为他规划一条更适合的升学之路。扬长避短才是最优解。说到升学,绝大多数父母想到的就是小升初、中考、高考、考研究生……反正就是要参加考试。其实,除了考试,还有十几种方式可以避开激烈的竞争,甚至不用参加考试,就能让孩子进入理想的学校。那么,这些路径具体都有哪些呢?让我们一起来了解一下。

一、进入心仪的大学,其实并不难

让我们来看下面这个案例。
某国内知名高校2023年的招生简章:
第四章招生类型
第十一条,校本科招生的主要类别有:普通高考招生(含统考录取、艺术类、高水平运动队、强基计划、国家专项计划、高校专项计划、民族班、内地西藏班和新疆高中班);外语类保送生招生;保送录取运动员招生;体育单招(运动训练专业招生);华侨及港、澳、台地区招生。
绝大多数家长知道的升学路径只有一条,就是高考统招,这无疑

是一条竞争异常激烈的道路。笔者结合数百所大学的招生简章,总结出了可以帮助孩子进入理想学校的17种途径。

(1)全国普通高等学校招生统一考试,也就是大众熟知的高考。

(2)强基计划:基础学科招生改革试点,也称强基计划,是教育部开展的招生改革工作,主要是为了选拔培养有志于服务国家重大战略需求且综合素质优秀或基础学科拔尖的学生。

强基计划聚焦芯片与软件、智能科技、新材料、先进制造和国家安全等关键领域以及国家人才紧缺的人文社会科学领域,由有关高校结合自身办学特色,合理安排招生专业。

(3)综合评价:综合评价招生最早见于2010年,自2014年浙江、上海实施新高考后,在全国部分重点大学中逐步开展。该评价是为深化高校招生改革体制,满足高校特殊人才选拔和培养的需要,打破传统高考"一考定终身"的局面,而提出的高校招生录取方式。综合评价是由试点高校拿出一定比例的招生名额,在高考基础上通过高校的评价体系(初审、笔试、面试考核等),选拔出符合高校自身培养特色的优秀学生,该类招生最大的特点是基于考生高考成绩、高校综合测试成绩,高中学业水平测试等成绩,按照一定比例计算形成考生综合总分,最后按照综合总分择优录取。

(4)保送生:指中国由某些中等学校推荐保送,经有关普通高等学校考察同意,免予参加全国普通高等学校招生统一考试而直接录取入学的学生。

(5)艺考招生:指音乐学院、美术学院、舞蹈学院、传媒学院或各大院校的艺术系等进行的全国艺术专业考试,考试合格者获得各大艺术院校专业合格证,持此证书参加高考,高考成绩出来后,各学校再择优录取招收合格新生。

艺考招生,对文化成绩的要求相对较低,适合立志走艺术路线的学生。

(6)体育类招生主要包含以下几种,适用于在体育、运动方面有天赋,文化成绩相对弱势的学生报考,主要包括以下三种:

①体育专业招生:主要是指普通高校体育类专业(指体育教育、社会体育指导与管理、休闲体育、体能训练、体育旅游、冰雪运动)的招生。

②体育单招:体育单招是指普通高等学校运动训练、武术与民族传统体育专业招生考试。其作为普通高等学校招生工作的一部分,实行单独招生。

③保送运动员招生:满足申请条件的优秀运动员在申请高校保送时,鼓励优秀运动员发挥专长,申请保送至有关高校体育学类本科专业。

(7)海外华侨和港澳台同胞入学:主要是指国家对于华人华侨,以及港澳台同胞子女提供的入读中国内地高校的方式,通常录取分数线比通过参加高考要低。

(8)中外合作办学项目:是指经教育部批准的国内高校与国外高校中外合作的办学项目,包括研究生教育合作项目、本科教育合作项目、高职专科教育合作项目等不同层次中外合作的办学项目。

(9)专项计划招生:是指国家为增加贫困地区学生接受高等教育的机会,促进教育公平而制定的一项特殊招生计划。该计划在普通高校招生计划中专门安排适量的名额,面向集中连片特殊困难地区的学生实行定向的招生。

（10）军队院校招生、公安院校招生和定向培养士官招生。

（11）空军、海军和民航招飞：也就是招募飞行员的简称，通常要求学生在参加全国普通高等学校招生统一考试中获得本省、自治区、直辖市本科一批的录取控制线以上，同时对身高和视力有一定的要求。

（12）免费教育师范生：即公费教育师范生，是指接受公费师范教育的学生。公费师范政策令部分师范专业学生得到免费教育，并保证其在毕业后"有编有岗"。作为回报，毕业生需在岗服务至少六年，否则视为违约。

（13）免费医学生：是甘肃省推出的医学生免费教育措施，国家免费医学生在校期间免除学费，免缴住宿费并补助生活费。报考免费医学定向招生计划的考生，原则上只招收农村生源，均须参加全国统一高考，实行单列志愿、单设批次、单独划线，在本科提前批次录取。专业包括临床医学、中医学、蒙医学、藏医学和傣医学。

（14）民族班及民族预科：各级各类学校中，专门为少数民族学生单独设立的教学班，叫民族班。民族预科是指在民族学院或有关院校设立的专门招收少数民族学生在升入本科之前加强基础知识学习的教学单位。

（15）定向招生：是指在招生时就明确毕业后的就业方向的招生办法。其目的是鼓励学生到农村及比较艰苦的地区工作，农业、林业、矿业、地质、煤炭、石油、水电、建材、气象、测绘、轻工、司法等部以及国防军工系统所属的某些学校可分别按隶属关系面向农场、牧场、林场、矿区、油田、野外地质队、水电施工基地、气象台站、盐场、劳改劳教场所和国防军工三线等地区招生，毕业后到这些单位和地区工作。

(16)海外留学。不参加国内的高考,学生可以通过国际高中或留学机构的帮助申请国外的大学,通常需要满足相应的入学条件和提供必要的申请材料。

(17)高等职业学校和高等专科学校的自主招生。家长需要根据孩子本身的意愿和成绩,来考虑是否需要报考。

综上所述,每个孩子,每个家庭都需要结合自己的实际情况和为未来的期许,为孩子规划出合适的升学路径。接下来就会家长们深入讲解三种升学路径。

二、除全国统一高考外,还有全国联招考试

普通高校联合招收华侨港澳台学生(以下简称全国联招)工作,是加强内地(祖国大陆)与港澳台地区教育交流与合作的重要途径,是加强海外华侨对祖国了解、增进感情的重要方式,充分体现了国家对港澳台地区和侨务工作的关心和重视。该入学考试简称"联招考试"。

联招考试的特点:

(1)录取分数低:分数线相对较低,这里以 2023 年为例,文史类普通本科录取分数线为 360 分,理工类为 380 分。

(2)招生名额独立:联招考试有专门的招生计划,增加了海外华人子女进入心仪大学的机会。

(3)语言优势:为了照顾港澳台同胞和华人华侨的阅读习惯,语文试题可能会用繁体中文来出题。

(4)考试内容差异:联招考试科目设置注重基础且考试难度

适中。

欲参加联招考试面临的挑战：

（1）报名条件要求高（以2024年招生简章中的部分内容为例）。参见以下内容：

符合下列条件之一且具有高中毕业文化程度（须为学历教育①）的人员，可以申请报名普通高校联合招收华侨港澳台学生（以下简称全国联招）：

● 港澳地区考生，具有①《港澳居民来往内地通行证》或《港澳居民居住证》和②香港或澳门居民身份证。

● 台湾地区考生，具有①《台湾居民来往大陆通行证》或《台湾居民居住证》和②在台湾居住的有效身份证明。

● 华侨考生，考生本人及其父母一方均须取得住在国长期或者永久居留权，并已在住在国连续居留2年，两年内②累计居留不少于18个月③，其中考生本人须在报名前2年内（即2022年4月1日—2024年3月31日）在住在国实际累计居留不少于18个月。

（2）这里以香港地区为例，从2023年1月1号开始，香港地区两年内不再限制通过申请香港优秀人才入境计划的申请人来获得香港身份。申请人可以通过香港地区推出的香港高端人才通行证计划（高才计划）、香港输入内地人才计划（专才计划）拿到香港身份。但所有拿到香港身份的申请人还必须经过最少7年才有可能获得香港地区永久居住权。有了永久居住权，才能参加联招考试。

---

① 须在教育主管部门认可的高级中等学校接受高中阶段教育，非学历教育经历不符合报名条件。
② 连续的两个自然年内。
③ 1个月按30天计算，不少于18个月即不少于540天。

(3)随着相关政策的调整和完善,联招考试的报名资格、审核标准以及考试内容等都可能发生变化,也需要面对不确定性带来的风险。

如果家长有打算让孩子走这条路径,详细操作细节可以咨询有正规资质的留学或者移民机构。

三、体育类招生,是进入理想大学的一条捷径吗

体育类招生,确切来说有三种:

第一种:体育统招

参加体育类招生考试,即普通高校体育招生考试。报考体育类专业的考试,要按生源所在省级招办要求参加高考报名、考试、填报志愿等工作。

全国共有300多所高等院校实行体育类招生。所有的体育类院校、师范类院校以及大部分的综合类大学都有体育生的招生计划。体育类本科专业一般在提前批进行录取;体育类高职专业一般在高职提前批进行录取。

高考体育考试项目分为身体素质项目、辅助技术项目、专项技术项目三部分。专业考试成绩满分为300分。

(1)身体素质项目(每项60分,满分180分):100米跑、800米跑、5米三向折回跑。

(2)辅助技术项目(满分45分):篮球往返运球单手低手投篮、排球传球垫球、足球定位球传准与颠球、体操预摆分腿腾越纵箱(男)或分腿腾越横箱(女)。

考生只能在上述四个辅项中选择一项考试。考生在选择辅项时不得选择与其所报专项相近的项目,即篮球专项的考生不得选篮球往返运球单手低手投篮,排球专项的考生不得选排球传球垫球,足球转向的考生不得选足球定位球传准与颠球,体操、艺术体操、健美操专项的考生不得选体操跳箱。

(3)专项技术项目(满分75分):考生可在田径(除100米、800米外)、篮球、排球、乒乓球、足球、羽毛球、网球、武术、游泳、体操、艺术体操、健美操、跆拳道中任选一项。

第二种:高水平运动员

(1)高水平运动员是指经过教育部批准,具备条件的有关普通高校紧紧围绕高水平运动队工作定位,在奥运会、世界大学生运动会项目(包括足球、篮球、排球项目等)范围内,按照教育部评估确定的项目,结合学校实际要求,根据本校运动队建设规划,确定运动队招生项目和招生计划,按照国家有关规定,对具有较高运动水平的运动员学生进行选拔的一种招生形式。

(2)高水平运动队:具备以下条件之一者方可报考。

①高级中等教育学校毕业(注意:很多高校要求二级运动员报考高水平必须是普通高中毕业),获得国家二级运动员(含)以上证书且高中阶段在省级(含)以上比赛中获得集体项目前六名的主力队员或个人项目前三名;

②具有高级中等教育毕业同等学力,获得国家一级运动员(含)以上证书;

③具有高级中等教育毕业同等学力,近三年内在全国或国际集体项目比赛中获得前八名的主力队员。

从 2024 年起,符合生源省份高考报名条件,获得国家一级运动员(含)以上技术等级称号者方可以报考高水平运动队。从 2027 年起,近三年在国家体育总局、教育部规定的全国性比赛中获得前八名的一级运动员方可以报考高水平运动队。

(3)高水平运动队考试包含:

①专业测试:采取全国统考或高校校考的组织方式。

2022 年高水平运动队招收的项目为:田径、篮球、足球、排球、游泳、乒乓球、羽毛球、网球、武术、击剑、跆拳道、棒球、沙滩排球、冰雪 14 个项目。其中,足球、游泳、武术、跆拳道、击剑、棒球、冰雪、乒乓球、羽毛球等 9 个项目实行全国统测。

②文化考试:获得一级运动员、运动健将、国际健将及武术武英级(或以上)称号之一的考生可申请参加国家体育总局统一组织的运动训练、武术与民族传统体育专业单独招生文化课考试,也可选择参加全国统一招生考试。

其他优惠政策考生必须参加全国普通高等学校招生统一考试。

从 2024 年起,高水平运动队考生文化考试成绩全部使用全国统一高考文化课考试成绩。专业测试全部纳入全国统考,由国家体育总局牵头组织实施,高校不再组织相关校考。

(4)录取优惠政策:

获得一级运动员(以上)称号的考生可申请参加国家体育总局统一组织的运动训练、武术与民族传统体育专业单独招生文化课考试(俗称单招线);高考文化成绩一般不低于生源省份本科第二批次录取控制分数线(俗称二本线);对于少数体育测试成绩特别突出的考生,高校可适度降低文化成绩录取要求,但不得低于生源省份本科第二批次录取控制分数线的65%(俗称265线)。

第三种:体育单招

(1)体育单招是指经教育部、国家体育总局批准招生的有关普通高校可以对运动训练、武术与民族传统体育专业实行单独招生。依据国家体育总局、教育部《运动训练、武术与民族传统体育专业招生管理办法》相关要求,为体育强国、教育强国和健康中国选拔培养高素质竞技体育人才的一种招生形式。

(2)体育单招报名条件:

运动训练、武术与民族传统体育单独招生对象为符合高考报名条件,并具备二级运动员(含)以上运动技术等级资格的考生。考生必须参加生源所在地省级招生考试机构组织的高考报名(具体按各省级招生考试机构要求执行)

(3)体育单招考试包含:

①专项测试:体育专项考试满分100分,考试分项目采用全国统考和分区统考方式。由国家体育总局委托院校负责组织实施,执行国家体育总局制定的《普通高等学校运动训练、武术与民族传统体育专业体育专项考试方法与评分标准》。

②文化测试:文化考试科目为语文、数学、政治、英语四科,每科满分为150分,四科满分为600分。文化考试由教育部考试中心组织命题和印制;省级招生考试机构负责试卷接收和考试组织实施。

(4)体育单招录取政策:

录取时,在考生文化考试成绩达到最低录取控制分数线基础上,各招生院校根据考生的体绩评择优录取。各招生院校根据考生的文化成绩(折合百分制后)和体育专项成绩3∶7的比例进行综合评价,计算考生录取综合分。综合分计算公式:综合成绩＝文化×0.05＋体育专项成绩×0.7,结果四舍五入保留2位小数。

具备一级运动员等级资格的考生,其可在文化成绩最低录取控制线下降30分录取;具备运动健将技术等级资格的考生,其可在文化成绩最低录取控制线下降50分录取。

特别提醒:以上招生录取信息会每年发生变动,甚至会有较大的政策性调整。如果父母有志于让孩子通过体育特长升学,不仅需要考虑孩子的意愿和能力,还要密切关注教育部、国家体育总局等官方网站和招生院校的官方网站的相关信息。本书中的信息仅供参阅。

四、科技特长生,从几岁开始规划

科技特长生是经过教育厅、教育局发文,有正式定义的、享有特殊招生政策的学生群体。这些学生在校内外积极参与各种科技活动和项目,展示了较强的科技创新能力和计算机编程能力。

一些真正有学科特长和学科兴趣,学生们通过报考学科特长生和科技特长生提前锁定心仪的名校入学资格。科技特长生是有一定的招生项目以及一些评选规则的,但是每个省份、每个学校还是有细微区别的。科技特长生涵盖的范围非常广泛,包括但不限于以下类目:

(1)计算机编程:学生具备编程语言基础,能够独立完成网站开发、应用程序开发等任务。

(2)机器人技术:学生具备机器人设计与制作、编程控制等技术,能够参与机器人竞赛等赛事。

（3）信息学奥赛：涉及算法、数据结构、人工智能等方面的知识和技能，培养学生的逻辑思维和创新能力。

（4）人工智能：学生具备人工智能算法和应用开发能力，能够参与人工智能竞赛等赛事。

（5）科技创新：学生具备创新思维和实践能力，能够在科技创新项目中发挥重要作用。

（6）其他科技类项目：如航模、无人机、无线电测向、天文、生物技术、新能源等领域。

科技特长生具备哪些优势呢？

（1）**技能优势**：科技特长生具备独特的技能和知识，这些技能在当今社会非常受欢迎。他们可以轻松地融入科技创新领域，为国家的科技进步做出贡献。

（2）**报考优势**：在中考和高考中，科技特长生可以通过自主招生或特殊类型招生等方式获得优惠录取政策。这使得他们在竞争激烈的高考中更具优势。

（3）**名校机会**：优质知名学校会发布科技特长生招生简章，在专业比赛中（国际、国内、省区市等）一般获得前三名优异成绩，即可有机会报名。

（4）**出国留学**：国外留学名校也更加瞩目于科研成果，参加国际科技类比赛，所获优异成绩也会被国外高校认可，在申请入学资格时时更有利。

（5）**就业前景**：随着科技的发展，对具备科技特长的人才需求越来越大，科技特长生的就业前景相对较好，可以选择从事科研、创新设计、软件开发等相关领域的工作,能够在未来的职业生涯中更好地适应市场需求和发展。

不同年级的科技特长生的培养方法和重点有所不同。具体建议如下:

(1)小学阶段:重点在于培养学生的兴趣爱好和基础能力。可以参加各类科普活动、科学实验、编程竞赛等,激发学生对科学的兴趣和热情。同时可以学习基础的计算机编程、机器人技术等课程,为后续学习打下基础。

(2)初中阶段:重点在于培养学生的实践能力和创新思维。可以参加各类科技竞赛、科技创新活动等,鼓励学生动手实践和自主探究。同时可以学习较难的计算机编程、算法等课程,提高学生的编程能力和创新思维。

(3)高中阶段:注重综合素质的提升,引导学生参与科技创新项目和实践活动,如参加创新创业大赛、担任科研助手等;

父母在决定是否让孩子选择科技特长这条升学道路的时候,需要综合考虑以下几点:

(1)科技领域广,多挖掘孩子的兴趣爱好,才能更好找到更合适孩子的方向前面大家也看到了,无论是体育还是科技,范围都相当广,如何细分也是大学问,要鼓励孩子多尝试,在参加各项活动过程中,家长是能够看出孩子是否喜欢这个领域的学习,是否有动力。

(2)要重视软硬实力的培养,先把孩子的地基夯实,后续机会自然会更多。

科技特长这个领域是一个新赛道,但硬实力需要具备编程、机器人、科学素养,软实力需要具备热情、创造力和专注,把这些基本功打扎实了,孩子在这个领域的跨学科融合度就高,能够脱颖而出的概率也会更大。

(3)关注过程、心态很重要,不能因为科技特长生能"弯道超车"而疏忽了文化课的积累。我们在这条赛道上陪孩子体验,陪孩子成长,以赛促学让孩子能进一步加强和提升,但也要把这份学习态度融入日常生活中,在校内的作业的学习中,仍有谦虚谨慎的学习态度,才更为长远。

第三节　习惯培养:每天五分钟,养育出优秀的孩子

老话说"习惯成自然",孩子现在的习惯往往会成为他长大后下意识的行为。因此,如果父母在孩子年幼时培养他各种好习惯,那么随着时间的推移,孩子就有可能养成自我管理、自主学习的能力。

一、时间管理规划

孩子到了青春期,学习的知识量增加,学业压力也逐渐增大。能否科学管理好时间和精力,决定了学习和生活的效率。这就需要孩子养成规划和管理时间的习惯。家长能够引导的主要是孩子在家的时间管理,可以分成平时的时间管理、假期的时间管理和写作业的时

间管理。

关于每一天的时间安排,青春期的孩子应该已经有一定的了解。家长可以引导孩子制作一个简单的时间表,以帮助他们更好地管理时间。以下是一个示例。

初中生作息时间表

06:10——起床梳洗　　　　　　06:20——早餐

06:35——穿衣整理书包　　　　06:40——上学去(上学时间)

12:00——午餐　　　　　　　　12:20——休息

12:50——上学

17:50——到家(差不多吧,老师可能会拖堂)

18:00——晚餐(可以听英语单词或课文)

18:30——读一篇文章或英语课文

18:40——写作业——预习(你还有时间的话可以再做一点课外作业或背书)
　　　　(19:40——20:00休息)

21:40——整理书包洗漱　　　　22:00——睡觉(星期五21:00睡觉)

周六、日

05:30——起床(不可再拖了)梳洗　　05:45——锻炼

07:00——复习背诵英语　　　　07:30——早餐

07:45——上英语　　　　　　　09:30——上语文

12:00——午餐　　　　　　　　12:30——休息

13:30——把作业写完(你想学得好就在周六把作业做完,一定要)

18:00——晚餐

18:30——可以出去散散步或轻松一下(可临时安排)

20:00——背诵(英语、课文、地理、历史等)

第六章 升学规划：先人一步，帮孩子迈进理想的大门

作为家长，最关注的还是孩子是否能高效完成作业，或者某个时间段的高效利用（比如考试前的复习时间段），这里介绍一下番茄钟工作法。

有个叫弗朗西斯科·西里洛的意大利人发明了番茄钟工作法，据说是因为感觉自己学习效率低下、考试成绩不理想想要逼迫自己在某一段时间里集中注意力、高效学习，这跟家长们的诉求不谋而合。

番茄钟工作法运用到孩子的学习上需要准备哪些工具呢？其实只需要买一个番茄钟，准备一支笔和一张纸就可以开始了。步骤是这样的：

第一步，列清单。孩子要在学习或者写作业开始前，列出要学的内容和要完成的作业、任务。一项一项列出，比如，语文需要背文言文一篇、写日记一篇、做阅读理解四篇；数学需要做试卷一张……

第二步，估算并填写每个学习任务需要用的番茄钟数量。一个番茄钟是25分钟，孩子要结合任务的难度和自己的能力来预估做完一项大概需要几个番茄钟。比如，写一篇1 000字的作文大概需要两个番茄钟。

第三步，开始计时。给每项任务都预估好时间之后，就开始全神贯注地开始做了。集中注意力，不要受其他事情干扰。番茄钟的学习机制是：每25分钟休息5分钟，4次之后休息20~30分钟。

第四步，记录番茄钟。当孩子完成了一个番茄钟之后，就记录一个"打钩"。或者做个别的标记也可以，目的是记录。当孩子完成了清单中的某项任务后，把这个任务划掉。当完成所有的任务和清单事项后，检查每个事项之后画了"打钩"或者做个多少个

标记。

第五步,做总结。孩子在结束某段时间的学习或者任务后一定要总结一下,利用大概 10 分钟的时间来自我检视:

今天接触到哪些新的知识点?今天哪个任务花费最多番茄钟?为什么?通过总结和反思,能够让孩子对于时间的把控更准确。孩子在运用番茄钟学习的时候还可能遇到一些问题,比如:

我习惯每次集中注意力 30 分钟然后再休息 5 分钟可以吗?当然可以,按照自己的节奏来,效率会更高,番茄钟的目的是让人在某个时间段内高度专注。还有人说:"作业做到一半被打断了怎么办?"这个时候就需要权衡一下是继续写还是放下手上的任务去做其他的,哪个更重要?而且事后也要在记录本上标注被打断的次数,以便于更好地安排以后的各项事务。

有人问:"如果一项任务不需要一个番茄钟呢?做完之后是继续做其他的还是休息?"这种情况建议继续做其他的,因为番茄钟要的是某个时间段集中注意力,并没有说一定是集中在什么内容上。

还有人问:"在两个番茄钟之间不想休息能不能继续做?"我不建议。番茄钟就是刻意训练我们的大脑高度专注、放松、再专注的能力,没必要为了节约休息的那几分钟去打乱大脑的节奏。

二、日常习惯规划

俗话说"习惯成自然",孩子越早养成良好的学习习惯,父母养育的难度就会大大降低。父母如果把学习任务、体育锻炼、人格培养等目标融入日常的惯例和习惯里,假以时日,孩子就实现了自我管理。

培养好习惯可以从以下几个方面入手:

(1)每天阅读。规律的每日阅读不仅可以增强孩子的专注性、扩充知识面、激发想象力、拓展语言表达能力,而且能从内到外滋养一个孩子的心灵。青春期的孩子在寻求身份认同的关键期,除了学科知识以外,父母可以引导孩子大量阅读人物传记、科学杂志等。人物传记可以给予榜样的力量,而科学杂志是激发好奇心的好工具。

如何在繁重的课业之下保证阅读的时间呢?家长可以引导孩子下载用于日常记录和打卡的小程序或者是第三方应用,日积月累就能在中学阶段读完很多好书。

(2)每日运动。孩子到了青春期,是生长发育的关键期,充足的运动无疑可以强身健体、舒缓身心。但家长千万不要生拉硬拽逼着孩子去运动,而要采取"微量微时间"的原则,从最简单的开始。比如,从每天五分钟开始,跳绳或者是快走都可以,这样的运动对场地和时间的要求比较灵活,更加容易开始和坚持下去。

最好家长能和孩子一起运动,去户外散散步、小跑都可以,一起运动是快乐和融洽的亲子时光。

(3)养成分类和定期整理的习惯。对学习任务或者文件资料进行整理,是为了便于查找和处理,提高做事情的效率;对于环境的整理也是对于思想的整理,训练孩子有条理性、思路清晰。从孩子上小学开始就可以引导孩子对自己的个人物品分类、整理、存放。这里要用的工具就是文件袋、笔、标签贴、储物柜。孩子将自己的物品按照一定的标准分类,比如按照学科分类;然后装入编号的文件袋;在文件带上贴上关于文件的详细信息;最后把文件袋放入编号后的储物柜。

有分类和整理习惯的孩子,会更容易找到自己的物品;会提升孩子处理复杂事物的能力;会提升孩子管理人事物的能力。家长可以在孩子刚上小学的时候就引导孩子:每天把作业分成"未完成的""正在做的"和"已完成的",分别放成三摞,可以大大提成完成作业的效率。

家长还需要定期跟孩子一起整理书桌、整理房间、整理衣柜等等。家庭中可以制订一个每周的家庭整理日,每位家庭成员整理自己的物品。

(4)每天做计划的习惯。虽然孩子每天的生活主要以学习为主,是跟着课表走的,但是养成做计划的习惯可以大大提高效率和对于变故的应对能力。孩子的计划可以非常简单地列出第二天要做的六件事情,完成一件划掉一件。

如何来安排这六件事情呢?可以先把要做的事情进行分类,按照重要程度和紧急程度分成:

①重要且紧急的事,比如,完成中考模拟卷;
②重要但不紧急的事,比如,阅读英文报纸,锻炼英语能力;
③不重要但紧急的事,比如,回复同学的信息;
④不重要不紧急的事,比如,约同学去游玩。

孩子在做日计划、周计划、月计划的时候,都可以按照上面的分类原则来安排,并且按照上述的优先原则来处理日常的事物。

(5)每日总结的习惯。《论语·学而》中,曾子曰:"吾日三省吾身。"意思就是他每天多次反思和反省。那每天做总结也就是对当天所做的事情和所想进行梳理和思考。每一次的反思和总结都能发现问题、提升思考质量的契机。

孩子的学业压力繁重,可以简单对每天做的事情,在睡觉前做个回顾和总结。总结的思路可以遵循:

①哪里做得好,哪里做得不好?

②这件事情里我的感受是什么?

③基于这个总结,下一步的行动计划是什么?

每一次的总结,都是与自己的深入对话,可以帮助孩子看见自己的不足、看见内心所思所想,看见未来要怎么做。

三、学习方法规划

我们经常观察到有很多孩子学习也很努力,但是学业成绩却并不理想,或者没有达到自己和父母的期望值。这种情况下,可以考虑孩子是否不得法,导致了学习效率低下,这里介绍几种适合青春期孩子的学习方法,供参阅:

(1)费曼学习法,是来自理查德·菲利普斯·费曼(美籍犹太裔物理学家,加州理工学院物理学教授,1965年诺贝尔物理学奖得主)。在教育方面,其最大的贡献在于费曼技巧,也就是说能够用最单的语言介绍任何概念,无论这个概念多么复杂。

简单来说,费曼学习法认为用自己的语言把学的东西讲给别人听就是最好的学习方式。学习金字塔理论认为:教授给别人是效率最高的学习方式。

费曼学习法有四个步骤:

①选择目标知识点,并完全理解这个概念。孩子需要将需要

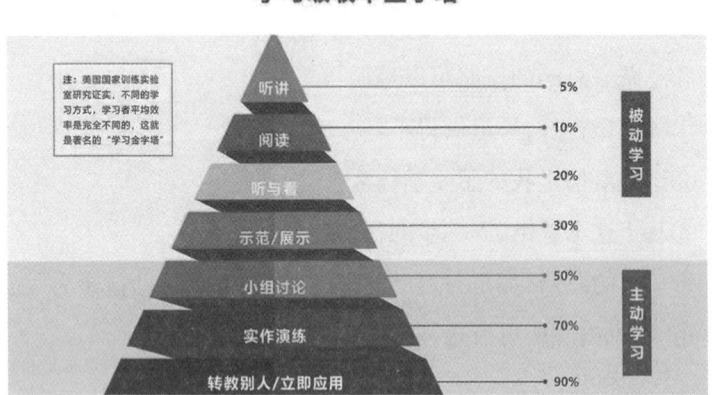

学习吸收率金字塔

学习方式	吸收率	分类
听讲	5%	被动学习
阅读	10%	被动学习
听与看	20%	被动学习
示范/展示	30%	被动学习
小组讨论	50%	主动学习
实作演练	70%	主动学习
转教别人/立即应用	90%	主动学习

注：美国国家训练实验室研究证实，不同的学习方式，学习者平均效率是完全不同的，这就是著名的"学习金字塔"。

学习的概念写在纸上，尽可能地去熟悉这个概念。一定要用自己的语言把对某个知识点的理解写出来。写不出来，就说明没有真正理解。比如，初一数学中的加法交换律 $a+b=b+a$。孩子就需要在纸上写"加法算式中，任意调换某个或者某些加数的位置，最终的和不变。"

②向别人复述这个概念。比如，孩子需要用最简单的语言告诉其他人什么是"加法交换律"。这一步是为了让孩子更好地融入自己的理解。孩子无法正确流畅的复述某一个概念，可能就是没有真正理解某个概念或者是概念之间的关系。

③纠错之后的再次学习。把刚才学习的不完善的地方再次学习，回归原材料或者书本本身，直到能够流畅地阐述学习的知识点。孩子再去复习加法交换律以后，需要明白加法的本质是什么，是把东西放在一起求总数，先放和后放并不影响最终的总数，所以加数之间交换位置以后不影响最终的得数。

④精简和回顾。走完上述三个步骤之后，想必孩子可以能够很

流畅精准地将概念完整的阐述出来。能用最简练的语言表达概念的本质,是孩子掌握了概念的本质,否则就会说不清楚或者解释得很冗长。比如,刚才加法交换率,就可以表达为"有理数的加法,加数任意调整位置后,和不变。"

(2)艾宾浩斯记忆法。德国著名心理学家艾宾浩斯(Hermann Ebbinghaus)是发现记忆遗忘规律的第一人。他将这一规律描绘成曲线,即著名的艾宾浩斯记忆曲线。

艾宾浩斯的这一曲线是针对无意义的音节在记忆中的遗忘规律而绘制的。在记忆实验中,艾宾浩斯还发现,其他可理解的材料有着不同的记忆曲线,它们更容易被记住,且记忆更持久、不易遗忘,不过这些可理解材料的记忆曲线都遵循大体一致的遗忘规律。

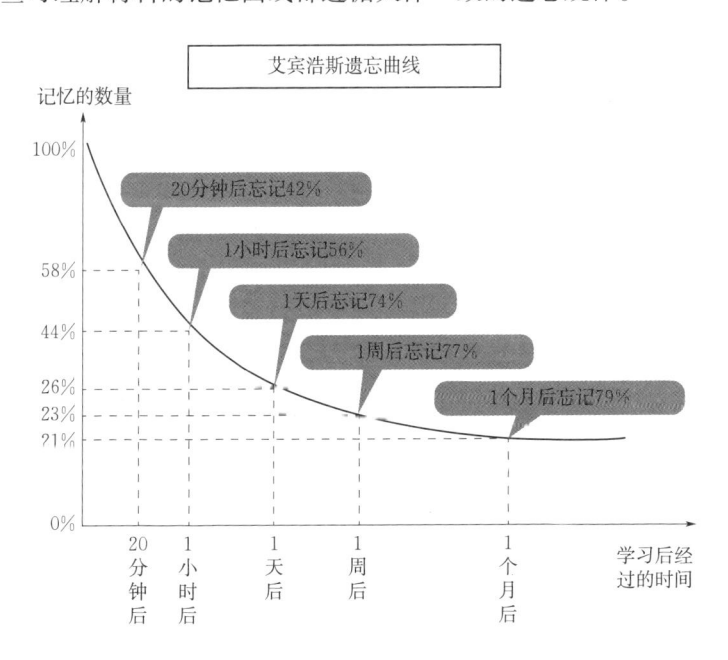

艾宾浩斯遗忘曲线

记忆的数量
- 100%
- 20分钟后忘记42%
- 58% — 1小时后忘记56%
- 44% — 1天后忘记74%
- 1周后忘记77%
- 26%
- 23% — 1个月后忘记79%
- 21%
- 0%

20分钟后 / 1小时后 / 1天后 / 1周后 / 1个月后 → 学习后经过的时间

序号	日期	内容	短期记忆复习周期			长期记忆复习周期（复习后打钩）						
			5分钟	30分钟	12小时	1天	2天	4天	7天	15天	1个月	3个月	6个月
1	月 日		1	1	1	—	—	—	—	—	—	—	—
2	月 日		2	2	2	1	—	—	—	—	—	—	—
3	月 日		3	3	3	2	1	—	—	—	—	—	—
4	月 日		4	4	4	3	1	—	—	—	—	—	—
5	月 日		5	5	5	4	3	1	—	—	—	—	—
6	月 日		6	6	6	5	4	2	—	—	—	—	—
7	月 日		7	7	7	6	5	3	—	—	—	—	—
8	月 日		8	8	8	7	6	4	1	—	—	—	—
9	月 日		9	9	9	8	7	5	2	—	—	—	—
10	月 日		10	10	10	9	8	6	3	—	—	—	—
11	月 日		11	11	11	10	9	7	4	—	—	—	—
12	月 日		12	12	12	11	10	8	5	—	—	—	—
13	月 日		13	13	13	12	11	9	6	—	—	—	—

现在市面上有很多利用艾宾浩斯记忆曲线的规律设计的记忆英语单词、记忆汉字、记忆古诗词的第三方手机应用或者是卡片，家长可以根据孩子的需要决定是否购买。

四、学习动力规划

父母们时常抱怨现在的孩子没有很强的学习动力，需要在父母的催促或者说教之下才勉强学习，要激发孩子的学习动力，家长可以从以下几个方面入手：

(1)建立目标意识。比如,帮助孩子设定一个学期内提高数学成绩的目标,鼓励他们制订计划并持之以恒地努力学习。这个目标还包括如果达到了理想的分数线,孩子可以获得什么奖励。不建议直接的物质奖励,可以是某个心愿的达成或者是全家出游。

(2)给孩子有挑战的任务。苏联心理学家维果茨基提出一个重要的概念——最近发展区,即"实际的发展水平与潜在的发展水平之间的差距。前者由个体独立解决问题的能力而定,后者指在成人的指导下或与更有能力的同伴合作时解决问题的能力"。

维果茨基认为,学生很少能够从他们已经能够独立完成的任务中得到收获,相反,学生的发展主要是通过尝试那些只有在他人的协助和支持下才能完成的任务(即最近发展区中的任务)来实现的。简单地说,生活中的挑战可以促进学生的认知发展。给孩子能够稍微努力一下,或者需要别人配合才能完成的任务,才能激发他们不断挑战的勇气和兴趣。

比如,家长可以邀请孩子参与到家庭的建设中来,在家庭的大小事务中听取孩子的意见,或者直接邀请孩子来做一次全家的出游计划,房屋的装修规划等等。

(3)提供支持性的家庭环境。孩子才是自己人生的主角,而且只有当孩子感受到自己的事情自己可以做主的时候,也就是获得"自主性"的时候,孩子才愿意来安排和规划自己的生活。

如果父母对孩子的事情包办太多,孩子会感觉失去了对自己生活的掌控感,这无疑会激发出孩子内心的无力感——没有办法决定自己的人生。长此以往,孩子就会放弃积极的生活态度,而任由父母来安排了。

（4）选择学科或者学校的时候，以兴趣为驱动力。也就是尊重过孩子的兴趣爱好，允许孩子做自己真正热爱的事情，而不是所谓的热门的、流行的或者父母认为正确的事情。有的爸爸妈妈会担心孩子选择错了怎么办？选择也是成长的一部分，孩子需要在试错和犯错中调整自己的认知、锻炼自己的能力。

并且，只有孩子真正喜欢的事情，他才会克服困难，坚持做。大部分的家长无意识用恐惧或者利益去驱动孩子，比如，"你如果不听我的一定考不上理想的学校""你要是不这么做一定会后悔的""你如果这样……就可以那样"。这种讨价还价的沟通方式让孩子从内心生厌，感觉自己被控制或者被愚弄。

（5）提供建设性的意见。比如，当孩子在学习上取得进步时，及时给予肯定和鼓励，让他们感到自己的努力得到认可并受到鼓励继续前进。就算父母不认可孩子的想法或者做法，也可以提供建设性的意见和建议，比如，"我觉得你可以把足球当成兴趣而非谋生手段，你想踢球随时都可以。"

（6）保持耐心。父母最重要的是要保持耐心和理解，了解每个孩子的学习风格和需求，给予他们足够的时间和支持，引导他们逐步建立学习动力。

第四节　学科规划：青春的规划在青春期之前

孩子在上小学的时候，通常只有语文、数学、英语三门主科，学习强度和学习压力相对较小。但是进入初中之后，增加了生物、地理、物理、化学等学科,学习的知识量和难度双双升高。为了孩子能够平稳地度过初中,并且为高中打下基础,父母可以引导孩子在小学阶段,以培养兴趣为主,了解一下历史、地理、生物、物理和化学知识,激发孩子对学科的热情,减少到初中才开始接触某一学科带来的压力。

一、学习历史,看纪录片是个很好的方式

历史学科的主要内容包括政治、经济、军事、科技文化等,在背诵知识点的时候最好能分类记忆。在学习历史的过程中,要以时间为线索,了解事件的地点、人物、起因、经过、结果和事件的意义,梳理清楚脉络,便于学习与记忆。

如果是纯粹翻开历史书,让孩子阅读,难免让孩子感觉枯燥、烦琐,记不住那么多的时间节点,以下建议几个轻松愉快让孩子熟悉历史的小妙招:

(1)历史类的漫画书。这类书籍生动有趣,以动漫的形式把悠悠历史长河的故事讲的惟妙惟肖,适合低年龄段的孩子们阅读。但是在购买的时候,一定要甄选正规出版社出版的,在电商平台口碑比较好的书籍。

(2)历史人物传记。这类传记可以在小学的时候,以亲子阅读的方式每天都读上几个,既可以拉近孩子跟父母的距离,也可以增加孩子的历史知识。通过故事呈现出来的历史,孩子一定是非常喜欢的。比如,"越王勾践的故事""荆轲刺秦王的故事"等,讲完故事之后,父母也可以跟孩子讨论故事情节,加深对故事历史背景的了解。

(3)历史纪录片。中央电视台拍了很多部脍炙人口的历史大型

纪录片,既保持了较高的影视制作水平,也保证了尽可能还原历史事件的全貌。这里推荐《中国通史》,一共100集。从文明起源到封建帝制结束,各个朝代的来龙去脉,各个知识点都讲得生动有趣。

《河西走廊(2022)》以时间为线索,展示了从汉代到新中国的河西走廊历史,撷取河西走廊上的绚烂瞬间;以编年体史诗的形式,跨越汉、三国、两晋、隋唐、蒙元、明清、民国和新中国,系统梳理了河西走廊甚至整个中国西部的历史,呈现出跨越千年的雄壮、辉煌与苍凉。

(4)参观历史博物馆。孩子可以近距离地看到陈列品、看到还原后的历史场景,如果家长再配合讲讲展品的历史故事,孩子对某段历史的兴趣就会被点燃。比如,可以带孩子去看"三星堆博物馆""故宫博物院""陕西省历史博物馆"等馆藏丰富,历史跨度比较长的博物馆。

二、学习地理,比家长想象的更有趣

地理其实是跟我们每天的生活息息相关的,从降雨到下雪,从维度到海拔高度,时时处处都是地理知识。地理学科虽然在中考时不考,但也是纳入升入高中的参考科目,而且地理知识本身对日常生活也很有帮助。怎么激发孩子学习地理的兴趣呢,家长可以试试以下方式:

(1)地图册和地球仪。孩子们小的时候都喜欢看地球仪,家长可以带着孩子一起先从寻找老家、寻找大熊猫的家、寻找东北虎的家等等开始熟悉每个省在国家地图上的位置;等孩子再大一点就开始寻找大洲大洋的地理位置。还可以聊聊每个地方的风土人情。

（2）地理书籍和地理杂志。寻找一些孩子们感兴趣的、内容丰富的地理书籍作为课外读物供孩子阅读，比如《环球少年地理》等。

（3）地理纪录片。地理纪录片兼具艺术美感和地理风土人情，像一幅幅美丽的画卷缓缓展开，口碑比较好的有《美丽中国》《地球的力量》《航拍中国》《大陆的崛起》等。

（4）亲子旅行。读万卷书不如行万里路，孩子终究要去亲眼看看这个每个世界，才能切身感受到什么是"卡斯特地貌""高原草甸""钟乳石"等。如果条件允许，家长也可以带孩子去国家森林公园，近距离感受地形、地貌、气候等地理名词的含义。

三、学习生物，大自然就是最好的课堂

（1）亲近大自然。从孩子幼儿园开始，家长可以有意识地带孩子去公园或者野外或者旅游区观察大自然。亲近大自然对孩子身心成长有着显著的好处，尤其是对于生物知识的培养。

在大自然中，孩子们可以近距离观察到各种生物，比如色彩斑斓的蝴蝶在花丛中翩翩起舞，勤劳的蚂蚁组成行列努力搬运食物，还可以发现各种奇妙的昆虫，比如发光的萤火虫和美丽的甲壳虫。这些亲身体验让孩子们不仅能够感受到生物的多样性和生命力，还能够了解它们的生态习性和生存方式。培养了他们对自然的情感认同和关怀意识。

（2）生物类科普读物。比如，《儿童自然探秘百科》《第一次发现丛书》都是非常不错的植物和动物科普书。

(3)科普类动画片。可以利用孩子的周末或者是假期时间让孩子观看,比如,《微观小世界》《迁徙的鸟》等都是孩子学习生物学知识的好素材。

(4)观看纪录片。比如,《生命的故事》从动物的角度来描述他们从出生到繁衍的故事;《人体奥妙之细胞暗战》讲述细胞的形成、分裂、演变的过程,讲述人体免疫系统与细菌病毒的斗争。还有《微观世界》,通过显微镜来展现人的肉眼看不到的另一个大千世界。

四、学习道德与法治,让孩子从小关心国家大事

<u>少年强则中国强,少年智则中国智</u>。少年儿童是国家和民族的希望和未来,培养他们从小关心家国大事和时事政治是非常有必要的,原因如下:

首先,了解国家大事和时事政治可以帮助少年儿童更好地理解社会的运作和变化。他们可以通过关注政治新闻了解国家的政策方向、社会发展趋势以及国际关系等重要信息,从而更好地融入社会,做出明智的决策。

其次,关心国家大事和时事政治有助于培养少年儿童的社会责任感和公民意识。他们可以通过了解政治决策的过程和影响,意识到自己作为公民的责任和义务,为社会发展和改善做出积极的贡献。

此外,关注国家大事和时事政治也有助于拓展少年儿童的知识面和思维能力。他们可以从不同角度思考和分析政治事件,培养批判性思维和逻辑推理能力,提升自己的综合素质和竞争力。

总之,关心国家大事和时事政治是培养少年儿童社会责任感、知

识储备和思维能力的重要途径,有助于他们成为有担当、有远见的人。

要关注家国大事,要为初中和高中的《道德与法制》课程做准备,家长可以从以下几个方面入手:

(1)可以为孩子订阅相关的时政杂志,比如,《阳光少年报》《参考消息》等。最好是父母可以跟孩子一起阅读,然后热点问题展开讨论。

(2)观看国内国际新闻。父母可以和孩子一起观看新闻,并且询问孩子对于具体新闻事件的看法和态度。父母不要轻易评判孩子的看法,而是引导表达,尊重孩子的观点。

(3)鼓励孩子参加班干部的选举,从小了解每个组织和机构是如何运作的,培养孩子对于集体的责任心。

参考文献

[1] 王艺霖.父母对话青春期[M].北京:台海出版社,2021.

[2] 富永雄辅.男孩的学习力[M].吴一红,译.成都:四川文艺出版社,2020.

[3] 富永雄辅.女孩的学习力[M].吴一红,译.成都:四川文艺出版社,2020.

[4] 方刚.女孩的青春期性教育[M].北京:东方出版社,2021.

[5] 孙京伊.不惊不慌笑对儿子的性教育[M].许英美,译.北京:东方出版社,2019.

[6] 孙京伊.不畏不缩直面女儿的性教育[M].许英美,译.北京:东方出版社,2019.

[7] 周舒予.男孩,你要学会保护自己[M].北京:北京理工大学出版社,2022.